Viktor Kamerer, 1976 in der Sowjetunion geboren, legt hier sein Erstlingswerk vor. Er absolvierte Ausbildungen bis ins Mittlere-Management bevor er sich ganz dem Schreiben widmete. Er lebt heute in Deutschland.

VIKTOR KAMERER
Jesus
Kurzgeschichten

Bibliografische Information der Deutschen Nationalbibliothek:
Die Deutsche Nationalbibliothek verzeichnet diese Publikation
In der Deutschen Nationalbibliografie, detaillierte
bibliografische Daten sind im Internet über dnb.dnb.de
abrufbar.

TWENTYSIX – Der Self-Publishing-Verlag
Eine Kooperation zwischen der Verlagsgruppe Random House
und BoD – Books on Demand

© 2017 Viktor Kamerer

Herstellung und Verlag:
BoD – Books on Demand, Norderstedt

ISBN 9783740732653

Inhalt

Jesu Einführung 7

Wanja 13

Spielgruppe Siebzehn 59

Tante Judith 69

Pius 79

Satan 93

Monet 103

Koran 110

Buddhismus 119

Abschluss Jesu 126

Jesu Einführung

Kap. 1

Es ist ein Sonntag und Jesus versucht sich in Schreibarbeiten, als Gott Heiliger Geist den Messias anspricht, es sei Sonntag und er arbeite.

Christus siehst es sehr schnell ein, erkennt er doch gegen das alte Gesetz verstoßen zu haben. Um Gott Heiligen Geist milde zu stimmen sagt er:

„Vergib mir in der Kleinigkeit und ich werde Großes tun."

Dieser Spruch hat auch Jesus selbst erstaunt, lässt er ihn doch einfach geschehen. Gott Heiliger Geist erkennt Jesu Schlauheit und vergibt in der Geschwindigkeit, die auch Jesus vorlegt.

Schnell und barmherzig. Die Sünden aber sind durch Christi vergeben, und doch sieht es die Dreieinigkeit sehr gern, wenn man denn um Vergebung bei Gott bittet. Und da Jesu Blut dafür gesorgt hat, dass man nicht einfach so in die Hölle kommt, sondern nur, wenn man es denn selbst will, so soll man seine Missetaten zwar erkennen, und doch wissen, dass vergeben ist.

Wer seine Sünden bekennt vor dem Herrn, zeigt seine Demut und Gerechtigkeit. Denn es ist gerecht, dass man seine Fehler einsieht und darüber spricht, und vor allem spreche man im geeigneten Moment über seine Fehltritte gegenüber anderen Menschen; und ist so seines Gewissens wieder rein.

Und Jesus spricht: „Haltet aber eure Rede zur Vergebung nicht grob, sondern mit Liebe und Sanftmut und Wahrheit. Die Wahrheit soll mit Gefühl verkündet werden, denn sie ist nur wahr, wenn sie von Herzen kommt, oder aber man fühlt seine Worte, wenn man sie gesprochen hat, ohne Groll, nur das, was man meint. Auch das ist Wahrheit."

Kap. 2

Jesus spricht weiter: „Gott ist der Heilige Geist und in dieser Form ist er wohl bedingungslos zufrieden, glücklich und ohne Anspruch auf Gebete. Wer ihn aber anruft, der sehne sich nach der Erfüllung durch den Heiligen Geist. So wer für Gesundheit ist, der bitte Gott darum – und Gott hilft, meist durch andere Menschen.

Doch es ist freiwillig wenn die Dreieinigkeit den Menschen Freude, Weisheit und Lehre bringt. Ihr könnt uns nicht dazu zwingen, barmherzig zu sein, sonst ist es keineswegs eine Barmherzigkeit, sondern ein Befehl oder eine Anweisung von euch an Gott. Auch das kleine Wort `bitte` führt uns nicht immer zu unseren Wünschen. Ein wenig helfen hingegen sollte, wenn wir es wirklich wollen oder es aus Liebe tun. Ein Gebet für einen Kranken aus Überzeugung oder Liebe bewirkt baldigst schon viel. Wer aus Liebe zum Leben für jemanden betet ist ein Wohltäter. Und wer neben der Liebe auch noch Hoffnung und Glaube hineinsetzt wird wahrlich nicht enttäuscht.

Nehmt aber die Hilfe eurer Mitmenschen an, denn Gott zeigt sich gerne durch andere im Tun und Sprechen. Dabei sind auch kurze Sätze und kleine gute Taten sehr groß. Wenn Ihr mir das glaubt, so seht wie Gott auch in euren Leben hilft und lehrt. Sein Werk ist heilsam und gut, denn sein Verstand ist außergewöhnlich klug, und sein Herz ist endlos schön.

So lehnt euch an eurer Schwester oder des Bruders Schulter, denn dies benutzt Gott, damit wir den Nächsten lieben lernen. Gott ist Geist, er weiß um alles in der Welt, was darin vorgeht, was uns allen fehlt. Er öffnet sein Herz und beschenkt uns täglich reichlich mit Produkten, Lehren und Worten.

Und die Kleinen sind zu Großen geworden, durch das Blut Christi. So sind es viele die, durch

Himmelfahrten und Neugeburten, schon lange auf der Welt sind; haben sich Weisheiten gesammelt, sind gestorben, wiedergeboren, und haben dabei Jahrhunderte zugebracht, und fanden ihre Wahrheit wieder."

Kap. 3

Und Christus spricht weiter: „So nehmet frei das ewige Leben. Es liegt in eurer Hand zu leben und dann im Himmel zu erscheinen. Wer sich aber schuldig fühlt, der möge sich nicht für die Hölle verdammen, denn ich verdamme euch nicht, meine Lieben.

So Ihr aber Liebe habt für das Leben auf der Erde, so möge Gott euch lange darauf belassen. Nehmen wir uns also nicht vor, das Leben auf Erden für das im Himmel einzutauschen, denn auf der Erde ist es wunderschön."

Diese Aussage Christi möge uns darreichen, ein langes Leben als Mensch zu verbringen. Geben wir es nicht weg, auch wenn wir schon älter sind. Auch Christus verspürt schon ab und zu Gottes Kraft, die ihn in den Himmel ziehen möchte. Doch Christus zeigt Herz für das Leben und Gott belässt ihn so auf der Erde.

Jesus spricht: „So leben wir und geben uns nicht dem Tode hin. Auf dass wir nicht in Schwäche fallen und uns dem Tode überantworten. Nein, vielmehr loben wir die Erde, die Bewohner darauf, und das Leben. Wer will es uns nehmen, wenn Gott auf unserer Seite steht?"

Wanja

Kap. 4

Der junge Wanja, umgeben von herrlichen Menschen verschiedener Rassen und Nationalitäten, hier im beschaulichen Dorf namens Doof, das bekannt ist für seine offenen Arme, ist hier Hauptdarsteller, in dieser kleinen Geschichte, die ich, Jesus, miterleben darf.

Sein Alter ist verhältnismäßig jung, gerade mal zwölf Jahre Nichtstun hat er auf dem Buckel und keiner kann ihm widerstehen, da er einfach knuddelig und doch frech ist. Die Eltern suchen ihn immerzu, im Wald ist er zu finden um mit

Tieren zu spielen und die Taufe, die ihm sein Vater beigebracht hatte für sich nachzustellen und zu empfinden.

Ein kleiner See verbirgt sich dort als ein anderer Junge herbeieilt, um dem Treiben des Wanja Einhalt zu gebieten und ihn ruhig und schön im Gemüt zu stimmen. Prompt nimmt der andere Junge, mit dem Namen Franz, an der Taufe teil, übernimmt dabei die Herrschaft und wünscht dem Jungen Wanja viele Freunde. Er war schon Mal der erste Freund, Wanja stand aber in der Größe und im Auftreten über Franz und ließ die Liebkosung und das Ritual gerne zu. „Denn so steht es geschrieben", sagte Franz. „Es wird einer herbeikommen der größer ist und mir gebührt es nicht ihn zu taufen. Ich taufe mit dem heiligen Wasser, dieser aber wird die Menschen mit dem Geist Gottes taufen." Als Wanja das hörte errötete er ein wenig und ihm war bewusst, dass er ein Anführer war, schon jetzt, in jungen Jahren, da er stets in der Bibel vorlas und keinen Hehl darum machte wissbegierig zu sein. „Die Macht des Herrn sei über mir", spricht Wanja und schaut stolz in den Himmel hinauf. Es deutet sich etwas an, der Junge muss einen Weg gehen, der mit Steinen geebnet ist. „Ich bin der Eckstein. Folge mir Franz und ich werde dich vor dem Vater rühmen und dich ihm vorstellen als großen Mann."

Als wiederum Franz verzückt ist, will er Wanjas Freude für sich, dieser aber lässt das nicht zu und so belässt er seine Kraft bei sich. „Auf dass mich keiner berühre." Von Wanja geht eine Heilkraft an Franz ab, dann nämlich, als Franz dennoch zugreift, mit Mut und auf die Brust klopfend, und so erfreut er auch Wanja, der es sich dann zur Genüge gefallen lässt.

„Diese Taufe ist zur Ehre Gottes, mein lieber Franz. Und sie mag dich erhellen, so wie mein Vater es mir beibringt." Franz bückt sich und begibt sich auf die Knie, versucht sein erstes Gebet und erlangt Ruhm bei Gott. Wanja erkennt Franz` Gemüt und verspricht ihm: „Du mögest ein Segen sein für alle deine Nachkommen, die die Welt noch betreten werden."

„Du auch."

„Oh, Dankeschön."

Franz aber ist gierig, was untypisch für ihn ist. So lästert er seinen Freund Wanja, der begreift die Anklage von Franz, und dass dieser ihn im Spiel als König ansieht. Franz möchte seinen Ruhm im Himmel haben, denn er ist ein kluger Junge.

„Franz. Wenn du in den Himmel willst dann gebe und nehme und versuche hier nicht mehr rauszuholen." Franz schaut verlegen: „Ist dies die

Wahrheit über die Taufe? Dass wir zurückhaltend sein sollen? Dass sie heilig ist und für jeden Christen ein Muss?" Wanja stimmt zu: „So hat es mir mein Vater derweil beigebracht und ich will ihm da gar nicht reinreden, denn er ist viel älter und schlauer als ich. Ich bin nur ein Mensch. Doch wenn ich einmal in den Himmel gehe, Franz, dann werde ich schlauer sein schon nach ein paar Jahren und meine Freunde werden mich mögen und ich werde dem Bösen weiterhin abdanken."

Ein Zufall will es so, dass Franz mit den Händen eine Taube nachahmt. So ist nun der Wanja getauft und Franz ist heiter. „Weißt du Franz. Ich habe so viel in dem Buch namens Bibel gelesen, kann mir aber nichts merken. Was soll ich hierbei tun?"

Franz war gefordert, er beschrieb man möge dieses Buch hochhalten und Parallelen finden. Das Heilige Buch ist voll von Andeutungen. Da hat mein Vater mich darauf gebracht. Aber ganz ohne Nachdruck. Gewiss, er schaut schon drüber ob ich denn beim Lesen die richtigen Bilder zusammenbringe. Es gibt manches Mal auch mehrere Wahrheiten in den Zeilen."

Wanja ist zufrieden. „So merke ich mir einfach die Geschichten durch weitere Geschichten. Ich werde genauer hinsehen, mit dem Herzen, und was ich behalte, das mag heilig für mich sein."

Franz haut noch einen raus: „Und du solltest Mal probieren spontan Stellen aufzuschlagen und dort, von Gott gegeben, zu lernen."

Kap. 5

Wanja schlingt sich durch das Geäst, doch er steckt fest, als er in einer Art Wüste ankommt. „Mein Gott, wo bin ich hier gelandet? Ist das noch die Erde?" Unter ihm gleitet die Erde weg und ein böser, junggebliebener Mann spricht ihn an. „Das nennst du also die Erde. Du Dummkopf, das ist mein Reich und ich will es dir einfach schenken.

Bete nur für das Böse und lass mich in dein Leben und verschenke mir alles was du hast. Das ist zwar wenig, ich gebe dir trotzdem alle Reichtümer die dein Herz erfreuen werden."

„Reichtümer fürs Herz? Gott? Ich nehme nur Gottes Geschenke an", spricht Wanja.

„Ich bin Gott." Dann aber erhaben und groß: „Nein, ich bin dein Gott, mein Sohn."

Wanja schlägt seine Hände vors Gesicht und spricht dabei nur: „Weiche von mir du Übeltäter. Gott würde nicht mir, kleinem Mann, das Erdreich überlassen. Wenn du aber da bist, Gott, dann will ich dir ein paar Zeilen aufsagen. Und die gehen so:

Des Herrn Liebe reicht für alle gleichzeitig und er straft nur die üblen Jungs, die die keinen Anstand haben und nicht vor ihn treten, in einer Reihe voll Wartender. Wenn ich bei Gott bin dann ist mein Lohn wie der des Herrn, der mich errettet, wenn es zu viel wird an Not, Leid und Bösartigkeit. Er weilt unter uns und lebt zum Vorbild und einst werden wir sündenfrei sein, wie auch er heute versucht wird und einst rein sein wird. Es dauert, aber er hat Talent, reinigt er doch seinen Verstand und begibt sich in die Prüfung von Gott, hadert, ist matt und bekommt wieder Kraft das weiter zu betreiben. Die Lust hat er schon aber er möge rein und sündenfrei werden. Barmherzig ist Gott und macht ihn und mich fromm wie ein Lamm.

Da hört Wanja eine Stimme in der Wüste: „Mein lieber Wanja. Das ist ein toller Psalm, gesprochen, aber gut gesprochen. Du hast Talent. Ich nehme dich auf zur Lehre, drei Jahre, tausend Tage und du wirst ein Sohn genannt werden und ich werde viel Freude an dir haben."

Wanja dann: „Liebster Gott. Komme bitte nicht mit Lust, sondern fromm und zugeschnürt, so will ich tun was du sagst zu mir."

Gott: „Aber Wanja, verzage nicht zu schnell, gib dich nicht dem Einfachen hin, denn du bist größer als alles was das ist. Und wenn du fünfzehn bist, dann lasse ich dich für mich arbeiten."

Wanja: „Nur für Gott, nicht für den Übeltäter."
Gott: „Gewiss, und ich lasse diesen großen Bösen nicht in dein Leben, wenn du dich mir anvertraust."

Wanja greift in den Sand um zu sehen ob er denn wirklich hier Sand unter den Füßen hat.

Gott: „Das ist es, mein Freund. Das ist Gottes Zeichen, das schon den Paulus überfiel und er wurde zu meinem Lehrling und ist heute ein großer guter Mann. Denn er wurde für kurze Zeit blind, so gib dich hin und spüre mit deinen Augen und Ohren, und ich will dich verschonen, wenn du mir glaubst."

Wanja: „Lieber Gott, willst du mich blind machen?"

Gott: „Warum nicht?"

Wanja: „Weil ich doch eigentlich kein übler Mensch bin."

Gott: „Und doch tust du was mir missfällt, lässt den Samen fallen, auf Felsen was keine Frucht bringt. Ich werde dich bestrafen, ohne Kinder sollst du sein, ein Einzelner und Winzling."

Wanja tritt Schweiß wie Perlen auf die Stirn, blutig rot. Er greift sich an diese Stirn und sieht die Farbe Rot auf den Fingern. „Ja, ich bin ein Selbstverliebter, aber ich schwöre deutliche Besserung."

Gott: „Weißt du denn was deutlich bedeutet und wie weit du gehen musst mit mir, und mit deinem Gefühl?"

Wanja lächelt, ist froh über dieses Gespräch in dieser Wüste. „Ich habe nichts, aber das gebe ich dir."

Gott: „Sage so etwas nicht, sonst nehme ich dir alles weg. Lüge nicht mit mir, betrüge mich nicht in meinen Geboten die du halten sollst."

Wanja zaudert und spricht er könne unmöglich alle zehn Gebote halten. „Nur Jesu Gebot will ich tun und halten."

Das erzürnt den Allmächtigen, ein Donnern kommt herbei und Wanja hält sich die Ohren zu um dem Lärm der Wüste zu entkommen. Gott spricht nun sehr laut aus dem Himmel: „Bleibe noch eine Weile mein Lieber. Dann will ich schon heute mit dir beginnen."

Kap. 6

Gott erscheint als Mann in dieser Wüste und nimmt Wanja bei der Hand, und sie gehen ein paar Schritte, bis Wanja einen großen Platz sieht, mit einem grasbewachsenen Feld, leer noch zu dieser Stunde, aber Gott klatscht in die Hände und es sind vier Lichter die über dem Feld brennen.

„Siehst du Wanja. Ich mache dich zum Spieler einer großen Mannschaft. Entweder hier auf der Erde oder später bei mir. Was sagst du dazu?"

Wanja sieht ein, dass Gott ihn verführt und so spricht er: „Lieber Gott. Was macht denn mehr Spaß und bringt viel mehr ein?"

Und Gott spricht, verklärt mit leuchtendem Gesicht: „Spaß macht es nur bei mir und viel bringen wird dir das Spiel hier unten nicht, denn nach fünfzehn Jahren ist deine Karriere beendet und du wirst deine Kameraden verlieren. Bei mir aber hast du ein Leben wie kein anderer."

Wanja denkt kurz nach, dann: „Du willst sicherlich, dass ich bete und den Gottesdienst halte, das kenne ich von Vater."

„Dein Vater ist ein kluger, besonnener Mann. Du aber bist frecher, heißer; blutig schlagen werde ich dich."

„Aber lieber Gott. Wenn ich denn frecher bin dann wird doch dein Reich viel mehr von mir haben."

„Und doch muss ich dich zuvor brechen."

Wanja ist sehr beherrscht, sanft lächelt er Gott ins Gesicht und sagt: „Wie kommt es, dass ich mich so fühle?"

„Wie fühlst du dich denn?"

„Na anders als vorhin im Wald."

„Dann hast du etwas gelernt."

„Ich werde auch nimmermehr zurückschauen."

„Auf dass du keine Salzsäure wirst."

„Lieber Gott, warum bist du denn so frech?"

„Weil ich die Gebote halte und das darf."

Wanja: „Und der Herr? Darf er denn tun was er will?"

Gott: „Er wird genauso geschlagen wie du. Ich prüfe und lehre ihn, wie auch dich Wanja. Ihr seid euch sehr ähnlich."

Wanja: „Ist er denn mein Vater?"

„Er könnte dein Sohn werden, lieber Wanja."

Zu diesem Moment passt, dass ein Licht aus der Ferne ankommt und sich vorstellt bei Wanja. Es ist ein hagerer, blonder junger Mann mit einem Scheinen in den Augen, das Wanja erstaunen lässt. Der junge Wanja gibt dem Herrn die Hand und sagt: „Du kannst also mein Sohn sein."

Und so bücke ich mich zu Wanja hinunter und spreche vertrauensvoll: „Ich werde dein Sohn sein, einst wenn du eine Frau hast."

Wanja denkt, wieder nur kurz, sagt: „Aber Gott hat mich verflucht. Ich werde keine Kinder haben."

Ich spreche allerdings widerstrebend und doch zärtlich zum Kleinen: „Ich aber werde in dein Leben treten, wie ich es will und wir werden die besten Freunde sein. Denn du bist mir ähnlich und ich mag dich ganz toll."

Wanja hält seine rechte Hand an seinen Mund und flüstert mir zu: „Stimmt es, dass Gott dich blutig schlägt?"

Die Antwort kommt prompt: „Er wird es tun, wenn ich in dein Leben trete, denn dann beginne ich wieder bei null. Ich werde alles verlieren um dich zu gewinnen."

Wanja ist verzückt: „Das ist aber schön, Herr Jesus."

Ich erschrecke zunächst, bin dann gefasster, sage: „Woher weißt du denn wer ich bin?"

Wanja ist siegessicher: „Weißt du Herr. Ich habe seit ein paar Minuten da so ein anderes Gefühl, dass mich sehr groß macht und mir die Wahrheit näherbringt."

Ich spreche: „Behalte es bei. Es wird dich sehr weit bringen. Ich werde zu dir kommen und ich werde Abendmahl halten in deinem Hause. Und dein Vater und deine Mutter werden froh über dich sein, wenn du über mich sprichst…aber bevor ich gehe will ich sehen ob du denn dein Herz sprechen lassen kannst. Das ist hier deine erste Übung."

Wanja ist bereit, ein ungezügelter Raufbold ist er, doch er will das unbedingt tun. Jesus muss nicht viel erklären, da spricht Wanja schon mit ganzem Herzen zu ihm und zu Gott: „Ich fühle mich einwandfrei. Und alles Gute kommt von dir, Gott, und alles Herzliche von dir, Jesus. Lehrt mich nur fleißig. Bringt mein Herz in Wallung und durchforstet meinen Verstand, auf dass ich klug sein werde wie kein anderer."

Ich runzele kurz die Stirn und spreche: „Dein Herz ist schmutzig, wenn du klug sein willst wie kein anderer. Denn das geht nicht, lieber Wanja. Teile mit allen und gebe dein Bestes, aber sei nicht der Größte, denn das bin schon ich."

Ich blinzele dem Jungen zu.

Wanja legt seinen Finger auf das Kinn, denkt und erfreut sich sogleich, denn er hat verstanden. „Also gut Jesus. Ich werde ein Spieler in eurem Team sein, wenn Ihr mich als Ausgewählten anerkennt."

Gott erklärt dem Jungen, dass alles was er hier verstünde tatsächlich die Wahrheit sei, und des Jungen Gefühl trüge ihn schon nicht. Er möge nur nicht stur als Ausgewählter gelten wollen, dann würde ihn das Leben schon führen.

Kap. 7

Der Junge fällt mir in die Arme und klatscht daraufhin drei Mal in die Hände. „Was versuchst du zu tun, Wanja?", frage ich. Wanja errötet und verspricht, das nie wieder zu tun. Er habe Respekt vor dem Alten und seinem Sohn.

Ich gebe ihm mit, er möge keine Zauberei betreiben, nur echte Magie. Der Junge ist sehr erfreut und verspricht noch mehr. „Ich werde dein bester Schüler sein, Jesus."

Ich sehe aber verschmitzt drein und meine, der junge Wanja werde mich schon vernachlässigen, wenn denn ein Mädchen in sein Leben tritt, das er liebt.

Da Wanja dabei den Kopf schüttelt, ziehe ich es vor, ihn auf die Probe zu stellen. „So gehe in dein Dorf zurück und finde ein Mädchen mit dem Namen Julie und sie soll deine erste Freundin sein."

Wanja runzelt die Stirn, so wie ich es vorhin getan habe.

Ich lasse das nicht gelten. „Du bist viel zu jung um dich nur mit mir zu beschäftigen, und doch werden wir dich weiter lehren was Weisheit und Liebe anbetrifft. Und wenn du artig und fleißig bist, dann lehre ich dich im Glauben."

„Es tut mir Leid Jesus", sagt Wanja. „Wenn du mich bei dir sein lässt dann nehme ich das Mädchen an mich, und ich tue alles was du sagst."

Ich: „Wenn ich dich lehre dann tue was unser aller Gefühl dabei sagt. Die Wahrheit ist nur zu fühlen, nicht zu überdenken." Ich bücke mich erneut zum kleinen Wanja herunter und hebe ihn in die Höhe, wie man eben einen Buben hochhebt. Wanja lacht, das steckt Gott an, der nun auch lacht. Alle drei verleben einen wunderschönen Moment, der niemals vergehen sollte.

„Also. Wenn dein Leben immer so ist wie heute, dann bist du ein wunderbarer Junge" sage ich.

Gott fügt hinzu: „Du wirst lernen und verstehen. Du bist schon jetzt, nach sehr kurzer Zeit ein toller Bengel. Suche immer das Gleichgewicht, ohne Extreme."

Wanja: „Soll ich jetzt beten ohne Unterlass oder nicht so oft?" Gott antwortet für sich und mich: „Wenn es an der Zeit ist viel zu beten dann tue dies. Wenn Jesus bereit ist ständig zu heilen, dann tut er dies ebenso ohne Unterlass. Denn er möchte etwas erreichen. Wenn du etwas erreichen willst dann tue ohne Unterlass, aber im Glauben und in der Liebe."

Wanja: „Jesus heilt also mit Glaube und Liebe?"

„Ich werde dir dies nicht beantworten" sage ich, „denn es ist wie so manches im Leben ein Geheimnis, das ein jeder selbst herausfinden mag."

Ich lege Wanja meine Hand auf seine Schulter. „Ich werde dich von aller Last befreien. Immer wieder aber nicht ständig. Und wenn du ebenso ein Heiler sein wirst, dann wirst du es verstehen. Alles hier und heute stellt ein Geheimnis dar. Spreche nicht zu offen und zu direkt über die Geheimnisse, außer du tust es mit dem Gefühl. Rätsel sollten im geheimen besprochen werden, nicht im Licht. Denn sie glauben dir nur was sie fühlen, nicht die groben Worte. So gehe nun zu Julie. Und wenn du imstande bist ihr deine Liebe zu gestehen, dann tue dies wiederum durch dein Herz. Damit sie dir glaubt, denn Liebe geht durchs Herz."

Wanja schaut etwas verdutzt. „So viel zu Lernen, so viel, Jesus."

„Heute wird dir gegeben was du tragen kannst. Morgen wird es wieder einfacher."

Gott bestätigt seinen Sohn und meint: „Das Leben ist ein Auf und Ab, und wenn du alles gelernt hast, dann wirst du dich erneut fallen lassen und bei null beginnen."

Ich: „Du wirst kaum dazu kommen deine Früchte zu genießen, denn da wartet schon das nächste Feld zum Bearbeiten auf dich."

Wanja strahlt eine Freude aus und begibt sich in die Wahrheit: „Ich mag euch beide. Sehr." Dann: „Ich glaube ich stehe auf der richtigen Seite, bei den Guten."

Ich: „Das in jedem Falle. Etwas anderes sollte es auch nicht sein."

Gott schmunzelt über mich: „Du Schmalzlocke, kannst das Fabulieren von Schnulzen nicht sein lassen."

Ich erwidere mit sanftmütigen Herzen: „Du weißt ich brauche das ab und an."

Kap. 8

Gott, ich und Wanja gehen über das Feld, haben dabei unsere Hände ineinandergelegt. Wanja sieht wie sich Vater und Sohn auflösen und er nur noch alleine das Feld beschreitet. „Ich möchte nie mehr alleine sein", spricht Wanja zum Himmel gewandt. Und so geht er, von Gott entmutigt, aber mit eigenem Antrieb in sein Dorf, um dort die adrette Julie finden zu wollen.

„Vater, Mutter", beginnt Wanja sein Reigen mit den Eltern. „Kennt Ihr denn die heilige Julie?"

Die Mutter: „Gewiss kennen wir sie, aber wieso nennst du sie heilig?"

„Na weil Gott mit mir über sie gesprochen hat, und alles was Gott anspricht ist doch heilig."

Vater Hans: „Das ist aber eine eigene Weise, mein Sohn. Lese und lerne von der Bibel, nicht mit deinem eigenen Verstand. Gott gibt uns dabei vieles auf, was uns nützlich ist."

„Aber Papa."

„Nein, mein Sohn, da bin ich strickt, du kannst mich auspeitschen. Ich bleibe bei der Bibel."

Wanja: „Dann zählt meine eigene Meinung nicht, und dass ich Gott und Jesus vorhin noch gesehen habe macht auch nichts aus?"

Vater Hans ist böse, erkennt nicht seines Sohnes Gabe. „Ich habe sie wirklich, wirklich gesehen."

Die Mutter: „Wahrlich, wahrlich ich sage dir Hans. Dieser Junge hat eine Gabe wie du und ich sie nie erhalten werden."

„Nein", sagt Hans. „Er hat nur Flausen im Kopf. Man kann Jesus nicht sehen."

Dann die Mutter bitterböse: „Seine Apostel hatten ihn doch auch gesehen."

Der Vater: „Die Apostel haben ihn nicht gesehen. Das ist reine Phantasie."

Wanja ist nun aufmüpfig und mutig: „Dann glaubst du nicht an die Bibel."

„Doch aber was ich nicht erklären und belegen kann, das glaube ich nicht."

„Gut, Papa. Dann erkläre ich dir was Gott und Jesus zu mir gesagt haben. Wirst du mir dann glauben?"

Hans setzt sich zuerst auf die Bank ins Esszimmer und deutet dem Jungen an, er möge nun mit seiner Ausführung beginnen.

Wanja benutzt Hände und Füße, und alles was er gelernt hat. Als sein Vater die Augen immer größer aufreißt, sträubt er sich sogleich gegen diese Wahrheit. „Junge. Sagst du auch die Wahrheit?" Wanja: „Papa. Ich liebe dich. Ist das die Wahrheit?"

Hans drückt den Jungen an sich und küsst ihn am Kopf. „Du bist mir wohl ein ganz Gescheiter. Da kann ich einfach nicht widerstehen. Aber sei vorsichtig da draußen im Wald, im Sand und auf dem Fußballfeld."

Mutter: „Siehst du Sohn. Vater hat ganz genau zugehört. Wenn du uns immer wieder die Wahrheit sagst dann werden wir an Gott und Jesus nicht verzweifeln."

Wanja: „Die beiden werden uns gewiss helfen. Sie sind ja so schön."

„Danke mein Sohn", sagt Hans und streichelt den Jungen an der Hand. Er dreht die Hand und sieht eine Narbe an des Jungen Innenfläche. „Was ist das denn?" Wanja ist sichtlich ebenso erstaunt, fühlt aber deutlich ein Zeichen aufkommen.

„Es sind die Nägel in den Händen. Das ist dieses Zeichen."

Mutter: „Seit wann hast du denn Nägel in den Händen?"

„Seit ich Jesus kenne, Mutter."

Kap. 9

Wanja, nun wissender um des Aufenthaltsortes der Julie, geht in die Stadtmitte und klingelt an der Tür der wohl lieben Julie. Als Julies Mutter öffnet spricht Wanja sie sofort mutig und freundlich an. Er bittet die Julie zu rufen um einen Plausch mit der Zwölfjährigen zu halten.

Die Mutter: „Rede ihr aber keinen Dreck an, von wegen Christus und so weiter."

Wanja: „Gnädige Frau. Dieser Jesus ist ein toller Mann. Und wenn Sie ihm begegnen würden, dann wären auch sie viel fröhlicher."

Julies Mutter: „Weißt du Bursche. Mir geht es sehr gut."

„Sie lügen holde Dame."

Mutter: „Du auch, da du mich hold nennst."

Wanja aber lehnt sich an den Türrahmen, das ganz frech. „Wissen Sie. Ich würde mir wünschen Sie wären eine holde Frau. Schließlich hat Obama den Friedensnobelpreis vor seiner Arbeit erhalten. Machen Sie es doch auch so. Nehmen Sie sich doch meines Wunsches an und seien Sie freundlich."

„Kleiner Bursche, muss ich mir das noch von dir sagen lassen. Weißt du nicht dass ich drei Mal so alt bin als du."

Wanja: „Ist das jetzt meine Schuld?"

Mutter: „Was redest du von Schuld. Wir sind alle ganz üble Leute."

Wanja: „Das meinen Sie aber nicht im Ernst."

Julies Vater kommt herbei und spricht: „Sie meint es durchaus ernst. Ihr ist die Gabe zum Sehen von Übel in allem und in allen gegeben, und sie ist da vollkommen ehrlich. Nimm dir einfach zu Herzen was sie dir sagt, dann bist du ein guter Junge."

Bin ich denn schlecht, denkt Wanja und legt seine Hand unter sein Kinn um zu demonstrieren, dass er aktiv und nachdenkend an der Unterhaltung beteiligt ist. „Gut. Kann ich Ihre Tochter sprechen?"

Der Vater: „Bist du denn jetzt artig?"

„Ja. Ich werde mich redlich dazu befähigen."

Die Mutter: „Auf den Kopf gefallen bist du nicht. Ein schlauer Fuchs bist du, mein Junge."

Wanja kommt ein Gedanke und er spricht ihn sofort aus, um den Augenblick dafür nicht zu verpassen. „Wissen Sie, Damen und Herren. Die Liebe ist größer als die Intelligenz."

Die Mutter: „Willst du damit sagen, dass wir dumm sind?"

„Ich vermute zumindest, dass Sie liebevolle Eltern sind, und da bedarf es keiner Intelligenz."

Der Vater will nun Wanja wegscheuchen. „Du glaubst du bist hier der Allerhellste."

Wanja lächelt zärtlich, meint dann: „Noch nicht, aber bald. Ich bin in den Lehrjahren."

Die Mutter: „Einen Scheißdreck bist du."

Der Vater: „Neunmalklug und dazu hässlich wie die Nacht."

Plötzlich kommt Julie herbei, sie hat wohl alles mitgehört und sich ein Bild gemacht, als sie dann spricht: „Ich möchte diesen Burschen kennenlernen, der so viel Liebe und so viel Weisheit durch eine Lehre anzustreben versucht.

Er ist mir herzlich willkommen, da auch ich religiös und freundlich zu sein versuche."

Die Mutter: „Liebe, herzliche Tochter. Du solltest dich mit solch einem Pack nicht herumplagen."

Wanja lächelt dazu nur ganz leicht. Julie tritt an den Türrahmen heran, nimmt Wanja bei der Hand und geht mit ihm ein paar Schritte hinaus auf die Wiese.

„Hier habe ich immer Ball gespielt. Aber meine beste Freundin ist weggezogen und ich habe keinen Bock mehr darauf."

„Ist schon gut. Jeder hat mal eine schlechte Phase."

Sie dann: „Du redest schon wie ein Erwachsener."

Wanja drückt Julie fest bei der Hand und gibt ihr unvermittelt einen Kuss auf die Wange. Sie wird rot. Schweiß bricht auf seiner Stirn aus, den er sich wegwischt um Julie auf den Mund zu küssen. Sie ist hocherfreut, dass er so ein starker Mann ist. Bald würde sie ihn brechen und ihn zum Sanften machen.

Sie setzen sich auf die Wiese und liegen Kopf an Kopf wie beim Abendmahl. „Komme doch zu uns zum Abendbrot", schlägt Wanja vor.

„Wo wohnt Ihr denn, Wanja."

„Ganz oben auf dem Hügel. Da halten wir in unserem Haus auch immer das Abendmahl."

Sie: „Das hört sich aber sehr gut an, richtig feierlich."

Wanja: „Weißt du. Es ist feierlich. Denn als Jesus verkündet hatte, dass er sterben würde, gab es keinen Weg zurück. Alle machten damals das Beste aus der Situation und feierten ihn und alle seine Jünger mit."

Julie errötet. „Du kennst dich da voll aus."

Er dann: „Ich lese viel besser als noch früher. Erst jetzt verstehe ich so Einiges. Und da ich Gott traf, wurde ich gescheiter."

Sie hatte gut zugehört. „Willst du mir sagen, dass du Gott mit deinen fleischlichen Augen gesehen hast?"

Er dann: „Ich habe nur diese beiden Augen und sie sehen sehr gut."

Julie: „Du hast also keine Krankheit mit den Augen?"

Er dann: „Nein, aber ich fühle mich seit heute komisch. Seit Gott zu mir kam. Ich höre Stimmen, ich habe Bilder im Kopf und ich sah Jesus und hörte die Worte Gottes wie jetzt deine."

Sie: „Dann bist du ein ganz Besonderer."

Wanja: „Das darfst du nicht sagen, damit Gott mich für meine Arroganz nicht steinige. Wir leben zwar nicht in Israel, aber es gelten dieselben Gebote für die Christen. Und diese sind zu Beginn wohl schwer zu erfüllen."

„Dann erfülle sie später, nach und nach."

Wanja: „Ich lese auch schon fleißig in den Geboten aus dem Alten Testament. Aber umso schneller ich lernen möchte desto schwieriger ist die Lehre."

Sie schaut ihm tief in die Augen: „Ich sehe du hattest vorhin deine erste Lektion."

Wanja: „Du bist meine erste Lektion."

Sie dann: „Aber da war noch mehr, nicht wahr? Du hast auch eine Weisheit mitbekommen. Richtig?"

Er dann wiederum zu ihr: „Wie schön du das siehst. Sag`, Möchtest du später nicht mitkommen, für die zweite Lektion mit Gott?"

Kap. 10

Julie und Wanja laufen so über die Wiese, als Wanja in die Ferne zeigt. Auch Julie erkennt einen alten graubärtigen Mann und einen Schönling an der Seite. „Da, Julie. Siehst du die Narbe auf seiner Seite", denn ich habe mein Hemd entfernt und zeige meinen Oberkörper, nackt. Julie rennt schnell zu uns, um nachzuschauen ob das hier denn die Wahrheit ist. Was ist das, was sie da sieht? Es ist doch kein Hirngespinst, denkt sie und rennt noch schneller über die Wiese. „Pass nur auf, Kleines", sagte der Graubärtige zu ihr. „So lebst du länger." Julie fällt mir gleich um die Hüfte und spricht: „Du bist wahrhaftig."

Gott streichelt Julie die Haare. „Julie, das ist dein Name, nicht wahr?"

„Sie dann: „Ich dachte Ihr kennt unser aller Namen."

Ich: „Wir wissen es, wenn wir es brauchen."

Als Wanja kurzen Schrittes herbeikommt, grüßt er uns beide, sein Haupt verklärt und seine Knie werden ganz weich. Ich zu Wanja: „Komm ruhig herbei. Hier bist du richtig. Pünktlich zur nächsten Lektion."

Gott: „Das ist ja wie in der Schule. Nur nicht zu streng sein, Jesus." Ich nehme die Julie am Handgelenk, zärtlich. „Da wurde mir hineingestoßen. Du sollst aber frohen Sinnes sein, denn ich habe keine Rachegelüste. Und du bist ja eh nicht schuld. Warst ja damals nicht dabei." Eine kurze Pause,

dann Jesus weiter: „Heute aber sollst du rein sein. Siehe dir Wanja an. Er forscht richtig in der Bibel und beherzigt jetzt schon die Gebote." Julie gibt mir einen Kuss. „Das ist für die Reinheit."

Wanja zu Gott: „Was ist denn nun unsere zweite Lektion?"

Gott lacht über Wanjas Unverständigkeit. „Das eben ist eure zweite Lektion. Sei rein." Und Wanja fühlt sich plötzlich viel leichter, ist glücklich im Gesicht und freudiger in der Bewegung.

Ich verstumme, denn nun war es an Gott eine große Rede zu halten. „Weißt du eigentlich wie schüchtern mein lieber Sohn ist?" fragt Gott die Julie. Julie ist eifrig mit der Bibel, kann sich aber nur folgendes vorstellen:

„Ich habe in der Schrift so ein Gefühl, dass Jesus mutig und aufrichtig war." Gott: „Er war es tatsächlich. Doch heute ist er im Begriff erneut zur Erde zu fahren und das macht etwas mit ihm, wenn du mich denn verstehst." „Schade", sagt Wanja und schaut dabei dem Jesus auf die große Narbe auf der Seite.

Ich dann: „Ja, auch das hat mich schüchtern werden lassen. Um zur alten Stärke zu finden, werde ich die Erde erneut besuchen, nicht wie jetzt, sondern in einem ganz neuen Leben, einem, das die Erinnerungen verscheucht um dazuzulernen. Das Leben bietet viel mehr Möglichkeit um seinen Geist zu verbessern…und ja, Wanja, du denkst gut. Ich bin nicht mehr gut genug für all die Engel. Sie überholen mich und ich stehe dumm da. Wenn ich aber zu Wanja gehe dann werde ich mich einer Kur aussetzen, denn jeder Fall auf die Erde bedeutet gleichzeitig, dass Gott dich stark prüft und dich in Situationen hineinbringt wo du eben hervortreten musst. Ich werde zwar zunächst schüchtern, dann aber viel größer als heute sein."

Gott: „Hast du jetzt deine Rede endlich beendet. Wisst Ihr: Wenn er mal anfängt zu reden gibt es kein Entkommen. Das hat er sich wohl behalten." Julie: „Warum hast du das behalten, Jesus?" Ich dann: „Weil ich nicht alles Gute ablegen will, denn schlecht genug werde ich sein, wenn ich wiederkehre. Gewisse Vorzüge will ich mir bewahren um nicht zu wehrlos zu sein."

Wanja: „Aber du wirst doch Engelschutz haben."

Gott verteidigt seinen Sohn: „Aber das Leben ist unberechenbar. Wenn ich einen Moment versäume ist mein Sohn dahin."

Julie: „So wie damals bei der Kreuzigung?"

Jesus verteidigt nun seinen Vater: „Nein. Es musste so kommen. Ich hatte es angedeutet und mein Wort wird gehalten, was auch geschehen mag."

Julie: „Das ist ja toll. Stimmt das, Gott?" Gott: „Warum sollte er hierbei lügen?" Julie: „Weil man manche Lüge nicht vermeiden kann." Ich: „In solchen Situationen ist es redlich die Lüge zu lassen und in der Liebe die Wahrheit zu sprechen." Wanja bemerkt Christi Gefühl dabei und spricht: „Er hat recht, Julie. Ich sehe, dass er recht behält."

Julie: „Aber wie kann ich mir sicher sein?" Gott gibt ihr den besten Rat des heutigen Tages: „Spüre die richtigen Worte des ewigen Lebens." Julie: „Hast du das jetzt gespürt, Gott?" Er dann: „Ist ein Geheimnis." Sie dann: „Lass mich mal schauen." Sie versetzt sich in den vorherigen Moment als Gott die Worte sprach: „Spüre die richtigen Worte", das hat er wahrhaftig gesagt. Aber das mit dem ewigen Leben ist wohl nur hinzugefügt." Gott: „Du hast es getroffen. Bei den letzten Worten war ich ein wenig faul und spürte sie nicht wahrhaftig." Ich: „Wenn du aber nicht wahrhaftig sprichst, dann rede zumindest mit mehreren Bedeutungen."

Wanja: „Ja Julie. Das kenne ich schon. Das ist echt klasse."

Ich: „Hört zu: Meine Bediensteten sind meine Freunde und meine Feinde schützen den Törichten. Da ich aber weder König noch töricht bin, so erkenne ich jeden nach seinem Handeln." Wanja: „Ich spüre nur `handeln`." Ich: „Verzeiht mir. Wenn man es zu toll will, klappt nichts mehr." Gott: „Kopf hoch und weitermachen." Julie nimmt sich allen Mut zusammen: „Ich bin die Heldin des Erdbeerfeldes." Wanja: „Du liebst Erdbeeren." Julie: „Genau. Das ist es also. Ich spüre einfach mehrere Bedeutungen." Gott: „So ist das Alte Testament geschrieben. Wanja weiß das schon.

Und so ist das eine Lektion für die liebe Julie." Sie sofort: „Gott, bitte spüre etwas, das ich fangen kann." Jesus holt einen Tennisball hervor und wirft ihn weit in die Luft." Julie dann: „Wir sollen also so hoch fliegen wie dieser kleine Ball." Jesus: „Mit der Betonung auf `klein´."

Gott: „Ich möchte euch Weiteres lehren. So ist jede Weisheit für immer, wenn sie denn mit Gefühl oder Mehrdeutung verfasst ist. In der Deutung lässt sich immer eine zweite Geschichte finden, wobei der Grundstock die vordergründige Aussage ist, der wir einfach unsere Meinung beigeben."

Ich: „Um von Weisheit zu reden gilt es größer zu sein als ich es manchmal bin."

Julie: „Wow. Das habe ich so richtig verstanden."

Wanja: „Sei glücklich damit."

Julie zurück an Wanja: „Höre ich da einen Zorn oder Neid heraus?"

Gott macht eine Bewegung, wie wenn er mit einer Sense über das Feld streicht. Hinzu spricht er: „So sei es."

Wanja durchzuckt eine Kraft, nur ganz zärtlich aber sichtbar und fühlbar. Julie hebt ihre

Augenbrauen und lobt Gott mit einem Flüsterton, der aussagt: „Danke Gott. Du hast toll getan." Julie beugt nun ihre Knie um ein Gebet zu sprechen, was alle andern zulassen. Sie setzt sich auf die Knie und spricht mutig: „Ich bin der Held…nein, verzeiht mir. Ich bin viel zu stur und zu nervös."

Ich streiche mit meiner rechten Hand über ihren Rücken. „Versuche es nochmals."

Sie dann aufrichtig und sanft: „Danke. Ich bitte um den Glauben an Gott und für die Kraft Jesu und dass alle Menschen auf der Erde gesund und munter sein sollen." Jesus zu ihr: „Sehr schön, aber nicht ganz perfekt. Das letzte Wort ist nicht gefühlt."

Julie nickt bedächtig, holt die Erinnerung zurück und hebt erneut die Augenbrauen, um so, staunend, zu verstehen. „Oh, genau. Das letzte Wort muss also nicht `sollen` sondern `mögen` sein."

Wanja: „Ihr nehmt das aber sehr genau."

Gott: „Wenn du aufhören willst so sage es nur, mein kleiner Freund."

Wanja macht große Augen: „Nein, Nein. Nur weiter so."

Gott: „Ich weiß es ist nicht einfach, aber es lohnt sich ungemein."

Kap. 11

Wanja zeigt der Julie den Fußballplatz. „Hier habe ich sie zuerst getroffen."

„Wie hast du es aufgefasst?", fragt Julie.

Er dann: „Ich fühlte mich ungemein phantastisch. Und siehe meine Hände, wie sie zittern. Schon den ganzen Tag. Und für morgen wünschte ich mir sie wiederzusehen, ganz wie die Jünger ihren Meister."

Julie: „Dann bist du also ein Anhänger Christi? So ganz und gar?"

„Weißt du Julie. Entweder ich glaube an Christus oder ich werde durch gute Taten gerecht."

Julie nimmt ihn bei der Hand. „Ich weiß du hast es nicht einfach mit diesen zweien da oben. Beschwere dich, und lockere dich."

„Ja, ich weiß ja dass wir die Gebote Gottes dank Christus nicht befolgen müssen, allerdings sollten wir zumindest ein schönes, volles Herz haben."

Ein Tennisball fliegt über den Rasen, Julie erschrickt, Wanja drückt ihre Hand fest und beruhigt sie indem er sagt: „Gott wird uns nicht über das Maß hinaus prüfen. Wir sind sicher, was auch kommen mag." Sie dann: „Spielst du auf das Ende der Welt an?" „Klar doch. Das steht gefestigt in der Bibel."

Julie stampft mit dem linken Bein und ist aufgeregt: „Ich kenne aber nicht die ganze Bibel."

Wanja: „Wenn du bald Gott öfters hören wirst, dann gebe dich ihm so hin wie du bist. Verstehst du? Sei du selbst und lerne von ihm. Ich werde dafür beten, dass du aufgenommen wirst um zu lernen."

„Ich will nur nicht sterben."

Wanja: „Ich bin wohl auch eben dabei vorbeigeschlittert."

„Und wie fühlt sich das an, Wanja?" Wanja will ehrlich sein: „Ich bin fast abgetreten, musste mich festhalten."

Julie fragt nun wie sie denn weiter Kontakt mit diesen beiden da oben aufnehmen soll. Wanja: „Am besten du gehst mit mir, denn immer, wenn ich mich grauenhaft phantastisch fühle, kommen sie schon herbei…lass es uns probieren: Sprich ein Gebet, damit du Gott sehen kannst. Einfach mit dem Herzen."

So spricht Julie: „Ich will Gott erkennen, ihn lieben und mit ihm plaudern." „Sag danke."

„Dankeschön Jesus."

„Hervorragend", kommt es aus dem Himmel und zwei Personen sind auf dem Hügel zu sehen. „Die sterben nie, oder Wanja?"

Er dann: „Wie sollen sie sterben, wenn sie gar nicht richtig leben?"

Julie: „Wir sollten unser Leben hier auf Erden viel mehr schätzen. Und es wohl ausgiebig feiern."

Wanja ruft die beiden herbei.

„Schon gut, schon gut", kommt es aus dem Himmel. Jesus rennt nun zu den Kindern, Gott folgt ihm nach.

„Ihr lieben Kinder Gottes. Kommt herbei und schaut auf uns, wie wir glänzen und strahlen. So sei es auch euch gegeben."

Gott rügt Jesus, der möge doch nicht zu forsch drangehen. Die Kinder hätten nicht um diese Sache gebeten. Julie verzagt und spricht: „Es tut uns sehr leid Gott, dass wir nicht fragen nach schönen Dingen."

Wanja: „Dürfen wir das denn?"

Gott: „Klar dürft ihr, Kinder. Mit schönen Herzen lässt sich so viel anstellen. Schaut mal auf Jesus und wie freundlich er doch geworden ist. Damals war er viel anders."

Ich antworte: „Ich gebe zu, heroisch und selbstverliebt gewesen zu sein. Und ich suchte auch nach eigenem Ruhm. Das hat sich nun verändert, und komme ich in ein paar Jahren zurück, so werde ich Vieles dazulernen. Denn als

Mensch lernt man am besten und du, Wanja, wirst mich einführen in ein neues Leben. Sei ruhig weiter mutig und gehe an deine Grenzen und wir werden nie getrennt sein."

Kap. 12

Es begibt sich, ein paar Jahre später, dass Wanja ein wohlerzogener und mutiger Mann wird. Er kann all das was Hans, sein Vater, ihm denn all die Jahre eingetrichtert und wofür er ihn befähigt hat. Er lernt bald die junge Irina kennen und beide sind vom gleichen Schlag, freundlich und stark zugleich. Und so scheint es eine tolle Sache zu sein, dass die beiden baldigst heiraten.

Zwei Jahre danach ist ein Kind geboren. Sie nennen ihn Paul und sind glücklich mit dem Erstgeborenen. Auch Paul wird groß im Herzen und im Geiste und als er zu sprechen beginnt, sieht man seine Intelligenz, Liebe und seine Wahrheit. „Das ist nun Mal die Wahrheit", sagt er in den ersten Jahren immer wieder und er hat durchaus Recht. Die Verwandten verkennen zunächst seine Gabe zum Sprechen der Wahrheit. Als aber einer nach dem anderen ebenso zur Wahrheit kommt, da loben und liebkosen sie alle Paul. Wie fortschrittlich ist er denn nur, und mit welcher Hingabe und Disziplin er das durchzieht.

Paul ist ein glückliches Kind und das strahlt schon zugleich auf die Eltern aus. Die wiederum schätzen Pauls Ausstrahlung und seine gerade Art. Seine erste Freundin bemerkt Pauls Sonderheit und spricht: „Nicht zu denken ist doch dumm. Man muss denken."

Paul aber weiß von Vater Wanja, dass man sich keinerlei Gedanken zu machen braucht, und dass man damit sehr gut durchkomme. Die Freundin aber verlässt Paul schon am nächsten Tag und ist Vergangenheit. Das schmerzt ihn nicht, denn er war ein großer, starker junger Mann und Wanja lernt ihn, nicht zu sanftmütig mit der verlorenen Liebe umzugehen. „Überwinde es und finde eine Neue, es sei denn du nimmst dir eine Auszeit."

Paul ist aber vom anderen Schlag. Er will keinesfalls eine Auszeit. Eine solche würde ihm dennoch guttun. Nichtsdestotrotz lernt er ein, zwei Frauen kennen, bis der Tag kommt, da er seiner nunmehr eigenen Wahrheit auf die Spur kommt.

Kap. 13

Paul verkriecht sich nicht selten in seinem Zimmer, des Nachts unter der Decke und des Tages im elterlichen Hause in eben diesem Zimmer. In einem bedeutenden Moment, spürt er eine Kraft in ihm, die ihn lähmt und ihn komisch fühlen lässt. So etwas hat er noch nie erlebt, er fühlt sich groß und elendig zugleich.

Die andere Welt hat sich in sein Leben geschlichen. Nur wenige Menschen können davon berichten was die andere Seite ist. Paul spürt diese Seite. Sie ist durchsichtig und man fühlt sich sensationell gut.

Allerdings muss Paul auch Abstriche machen, wenn es zum Beispiel darum geht ein Fahrzeug zu führen oder sich vernünftig zu geben. Zu groß wird er in diesen Momenten der Eleganz und Faszination. „Papa, ich glaube du musst jetzt den Arzt anrufen um mir einen Termin zu machen. Ich kann es einfach nicht mehr aushalten. Meine Gesundheit ist den Bach runtergegangen und mein Leib ist geschwächt, abgemagert und ungut bestellt."

Es ist Pauls Freund, der den Anruf tätigt, nachdem Hans ihn angerufen hat um vorbeizukommen und sich mit dem Arzt auseinander zu setzen. Der Freund ist hocherfreut, dass Paul endlich etwas gegen seine Halluzinationen tut. „Schon als Kind warst du sonderbar, Paul. Das war schon damals nicht normal, verstehst du?" Paul senkt den Kopf und lässt das Telefonat geschehen.

Der Freund geht in die Küche um ungestört mit dem Facharzt reden zu können. Er berichtet von allem was in Pauls Leben so schräg vorgefallen war.

„Schon als Kind palaverte er mit Gott, dabei zog er seine Freundin mit hinein, die dann ebenso mit dem Allmächtigen sprechen konnte. Was heute mit ihr ist weiß ich nicht. Ich weiß aber um Paul und wie er oftmals unter diesem Wahn leidet."

„Wenn das so ist", sagt der Facharzt, „dann kommen Sie doch mit ihrem Freund schon morgen früh zu mir. Es ist wohl heute sehr akut, was Ihr Freund da mitmacht."

„Doktor. Sie haben Recht. So schlimm wie er sich heute fühlt, so war es als Kind niemals. Damals konnte er und auch ich gut damit leben. Seine Erzählungen waren phantastisch und ich glaubte natürlich als Kind so einiges, denn er hatte es mit einer Leidenschaft erlebt und wiedergegeben.

Mir wurden seine Eskapaden zum Alltag. Ich glaubte selbstverständlich meinem Freund. Er hätte nie gelogen. Er war nicht so. Ein feiner Junge und heute ein toller Mensch."

Kap. 14

In dieser Nacht erlebt Paul das, was er sich niemals gedacht hatte. „Mein Gott. Ich spüre es, dass ich Jesus Christus bin, und wenn das so ist, dann hatte ich diese Wahrheit aufgegeben, um sie heute wiederaufzunehmen." Paul strahlt durch sein Gesicht, als er den Lichtschalter in seinem Zimmer betätigt und es Licht wird. „Es werde Licht." Dabei spürt er eine außergewöhnlich starke Ausstrahlung von sich abgehen. Er ist gottselig, glücklich und sehr zufrieden.

Doch das Licht lässt ihn nicht mehr los und so sieht er im Zimmer leuchtende Strahlen überall. „Das ist faszinierend. Ein Wunder pur. Ich fühle mich toll und durch und durch wie ein guter Mensch."

Plötzlich kommt eine Stimme, er weiß nicht woher. Dann öffnet sich seine Zimmertüre und… sein Vater Wanja steht im Raum und spricht: „Sei nur nicht zu hochmütig. Ich sehe dich strahlen. Du weißt es also? Weißt du, ich hatte es fast vergessen was du mir damals versprochen hattest, Jesus Christus. Du hattest versprochen als mein Sohn wiedergeboren zu werden… und siehe, da bist du. Und glaube ja nicht du bist ein schlechter Mensch oder verrückt das hier zu spüren, was du hier offensichtlich spürst.

Ich war damals ein gewiefter Junge und hatte Kontakt zu Gott und dir und diese Zeit werde ich niemals vergessen. Was bedeutet, dass ich heute abgestumpfter bin und dass ich auf den heutigen

Tag warten musste, um wieder Wunder und Zeichen, durch dich, Jesus, sehen und spüren zu können. Du erweist mir einen Bärendienst, jetzt sehe ich dich wieder vor mir, mit deinem nackten Oberkörper und wie du versprachst neugeboren zu werden, in die heutige Zeit."

Spielgruppe 17

Kap. 15

Die Gruppe trifft sich einige Male im Jahr. Man isst Pizza und trinkt, und die Unterhaltung nimmt seinen Lauf. Michael aber ist ruhig, konzentriert sich auf die Pizza, die köstlich schmeckt, was man Michael am Gesicht abliest.

Auch die anderen: Florian, Giovanni und Nils essen davon.

Als der Platzhirsch namens Giovanni, Michael anspricht, der bereits fertig gegessen hat, ist dieser fidel und gut gelaunt. Er muss aber gestehen das bereits angesprochene Manuskript nicht weitergeschrieben zu haben.

Giovanni sagt: „Wer mit Jesus ist, dem geht´s gut."

Michael sagt: „Sicher, sicher."

Giovanni fragt: Hast du eigentlich in der Bibel gelesen, um dein Projekt abzuarbeiten, oder hast du echtes Interesse an der Religion?"

Michael sagt: „Sicherlich habe ich auch wegen dem Manuskript darin gestöbert, aber es macht mir auch Spaß."

Da die Gruppe sich in diesen Stunden wegen eines Spieles trifft, nimmt man sich sein Getränk und setzt sich auf die Wohnzimmercouch. Giovanni betätigt den Startknopf des Spielgerätes, schaltet den Fernseher ein, und ein jeder nimmt sich eine Steuerung für das Fußballspiel. Darauf freut man sich schon seit Tagen, besonders Giovanni und Florian sind freudig erregt.

Michael ist irgendwie nicht voll motiviert, was der auf Sieg getrimmte Giovanni bemerkt. Florian beschreibt sogleich Michaels Leistung als „reglos", und Giovanni treibt Michael an. Der aber kontert, sagt Giovanni mache es doch genauso. Sein Tonfall ist aggressiv und laut, und Giovanni fühlt sich wie vor den Kopf gestoßen. Die Stimmung ist am Tiefpunkt angelangt, wo doch die ersten beiden Stunden schon ohne große Freude stattgefunden haben. Keiner hat in dieser Zeit seine Ziele wahrgemacht, man konnte nicht abrufen was man draufhat.

Giovanni aber ist ein durchaus gelehrter Mann; auch in der Bibel kennt er sich aus, und so verkündet er, wenn denn Jesus nicht hadert, so will er es auch nicht tun. Er ist ehrlich und demütig, und er spricht Worte des ewigen Lebens, ohne, dass sich jemand daran stört. Florian und Nils sind da auch stark darin und fühlen sich mit dieser Aussage sehr wohl.

Kap. 16

Die erste Pause lässt ein Gespräch zu, das den Umständen entsprechend in dieser Gruppe mal behandelt werden sollte. So ist es Giovanni, der seine Rolle als groß ansieht, aber auch den anderen will er damit helfen.
Er kennt folgenden Spruch aus Jesaja 58, Vers 7 auswendig: „Brich dem Hungrigen dein Brot, und die im Elend ohne Obdach sind, führe ins Haus. Wenn du einen nackt siehst, so kleide ihn, und entzieh dich nicht deinem Fleisch und Blut."
Weiter spricht Giovanni aus eigenem Mut heraus: „So werden wir alle zum Licht, wir werden heil

und gerecht. Wir können Trost spenden und mit uns selbst damit zufrieden sein."
Michael will da nicht hinterherstehen und spricht: „Es werden ausgehen die Schwarzen, Araber und andere, und sie werden in unser Land kommen."

Der kluge Florian trifft seine eigene Aussage, nachdem er am Bier nippt und sich alles ohne Worte angeschaut hat. Nun kommt seine Minute: „Es werden immer mehr, die wir annehmen, doch sie nehmen unsere Kultur nicht an."
Giovanni, scheint allerdings gerne auf Multikultur zu stehen, so steht er auf – inmitten seines Essbereiches – und hält mit großem Willen folgende Rede: „Wer sich hier in unserem Land einbringt, gegen den kann ich auch nichts haben. Die Fleißigen sollen ruhig ihren Lohn erhalten, und die Faulen das ewige Höllenfeuer. Ich bin nicht radikal, aber so muss ich mich hier eben einbringen, sonst macht jeder was er will und wir haben dann das Chaos schlechthin. Wo werden wir landen, wenn unsere Kultur ausstirbt und diese da unsere Frauen als Schlampen ansehen?"
Michael nickt dem Giovanni zu, stellt sich an seine Seite und hält seinerseits eine kluge Rede: „Wem viel gegeben ist, bei dem wird man viel suchen, und wem viel anvertraut ist, von dem wird man umso mehr fordern. Du bist ein Beispiel dafür,

dass wir gerecht und liebevoll sein können. Du selbst hast mal gesagt, dass du ein Alphatier bist, so mache weiter wie bisher. Nutze deine Macht, und verbreite deinen Standpunkt."

Giovanni sagt: „Ich bin kein Politiker, aber ich bin nicht so dumm, um die Wahrheit nicht zu sehen."

Michael spricht: „Dir ist viel gegeben, Giovanni. Man sucht die Fehler bei dir, aber findet sie nicht. Du bist wirklich ein Krieger Jesu. Deine Worte mögen für immer gelten."

Kap. 17

Im nächsten Augenblick sieht Giovanni in Michaels Blick ein Feuer, eine Agilität, was sich sogleich im Spiel aller auswirkt. Alle Teilnehmenden haben mehr Spaß und ihre Fingerfertigkeiten sind grandios. Auch Michael – da er zunächst sehr schwach spielt – hat nun

Freude und Zustimmung der anderen. In diesem Reigen bekennt Giovanni: „In der Bibel steht: Siehe, mein Sohn war tot und ist wieder lebendig geworden, er war verloren und ist gefunden worden." Plötzlich spürt Michael Jesus in sich, sein Herz ist mit Liebe getränkt und sein Gefühl ist echt. Nils lächelt, senkt dennoch schüchtern den Kopf. Florian sieht strickt auf den Fernseher, und Giovanni strahlt und sagt: „Du gefällst mir." Seine Gedanken sind: *Tatsächlich. Jesus ist mitten unter uns.*

Michael: „Weißt du, Giovanni. Im 2. Samuel 7 steht: `Dein Thron soll ewig Bestand haben`. Nimmst du es an?"
Giovanni läuft rot an, beherrscht sich aber und gesteht, dass er es so noch nie gesehen hat. Er, einen Thron auf Erden, vielleicht dann auch im Himmel? Das ist schon verlockend. Im nächsten Moment aber kommt ihm ein Gedanke. *Kann Michael das denn bestimmen?*
Michael: „Hör zu. Ich spreche jetzt die Wahrheit und nichts Anderes. Du bist ein König und ich stelle mich unter dich, wenn du mir versprichst immer nett zu sein."
„Ich sage dir auch eine Wahrheit, Michael. Ich bin immer nett."

Nils und Florian müssen an dieser Stelle herzhaft lachen, selbst Giovanni schmunzelt fröhlich. *Jetzt habe ich dich so richtig reingelegt, mein lieber Michael.*
Michael sagt: „Schade."

Giovanni legt das Spiel zur Seite, sieht Michael ganz fordernd an und sagt: „Weißt du Michael: Wer den Sohn sieht und an ihn glaubt, der wird das ewige Leben haben. So sehen wir Jesus wieder und unser Herz freut sich seiner Anwesenheit, und keiner wird uns diese Freude darüber wegnehmen."
Michael: „Da ist ja auch echt zu bedenken, dass sie ihm die Dornenkrone aufgesetzt hatten, und sie plünderten ihn aus. Er wird zum Gespött bei den Nachbarn. Gott möge denken an Jesu Schmach, seines Knechtes."
Giovanni: „Wir alle hier sind Gottes Söhne. Da sollten wir Jesus dafür danken."
Nils sitzt nun breitbeinig in der Runde, lächelt und spricht: „Gott sei Dank. Dann ist das auch geklärt."
Florian schmunzelt. „Spielen wir jetzt weiter oder was?"

Giovanni greift zwar zum Spielgerät, doch er hat noch ein Anliegen, wenn man schon dabei ist: „Das muss ich noch ansprechen. Unser Jesus weiß alles, wenn wir liegen oder stehen. Was wir denken und tun. Was wir sagen."

Es ist Michael der hier einschreitet. Er greift dabei das Spielgerät fest, doch noch spielen sie nicht, und so sagt er: „Wenn Jesus hier auf Erden ist, dann ist er erneut Mensch geworden, fängt von null an, und kann somit nicht überall sein. Das übernimmt wohl jetzt der Heilige Geist."

Florian stimmt dem zu, zwar etwas verhalten, aber dennoch mit zartem Glauben. „Er ist also da."

Michael macht seinem Namen alle Ehre: „Ja, er ist tatsächlich schon da. Ich spüre ihn in mir, und Giovanni fühlt ihn hier im Raum."

Giovanni: „Woher weißt du das denn?"

Nils sagt heiter in die Runde: „Er liest eben deine Gedanken."

„Das kannst du?"

Michael: „Manchmal schon. Es war vorhin in deinem Gesicht gezeichnet. Du glaubst an ihn und daran, dass er überall auftauchen kann, und deshalb schätze ich dich. Du bist rein und religiös. Du weißt zu kämpfen und sanft zu sein. In jedem Moment weißt du was zu tun ist."

Giovanni erhebt sich und geht an seine Glasvitrine, holt eine evangelische Bibel hervor und streichelt sie zart.

Florian fällt auf, dass hier etwas nicht stimmt. „Sag` mal, Giovanni. Du bist doch römisch-katholisch, wie ich."

Er antwortet: „Diese hier ist aber so schöngemacht. Die Jubiläumsausgabe in Luthersprache. Ich halte sowieso zu den Katholiken, aber als du sagtest" – er sah zu Michael – „dass du evangelisch bist, da wurde ich neugierig und habe mir diese hier gekauft."

Michael sieht geehrt aus, ein Funkeln in den Augen, mit Glanz und Hosianna.

Giovanni fühlt sich grandios, blättert einige Seiten um und sagt: „Schau mal was hier Interessantes steht. So ist Jesus, und auch ich bin so: `Auf ihn ist der Geist Gottes, der Geist der Weisheit und des Verstandes, der Geist des Rates`."

Florian schmunzelt: „Da holst du jetzt aber weit aus."

„Nein, Nein", sagt Nils. „Du solltest Giovanni gut genug kennen um von ihm zu wissen, dass er alles überprüft bevor er es sagt."

Michael: „Also ich mag Giovanni und sein Selbstbewusstsein. Und er ist ehrlich. Er ist viel besser als ich es früher war. Ich hatte alles ausprobiert, viele Sünden begangen, Tränen gelassen und Freude geerntet. Ich musste alle Sünden tragen – so hatte es Gott für mich eingerichtet – und jetzt kann ich mir, und allen anderen ganz leicht vergeben...und ich kann mitreden."

Tante Judith

Kap. 18

Markus fährt in die Stadt Helon, er und seine Eltern, in ihrem Fahrzeug, zu Tante Judith. Sie begrüßt die drei mit einem „Hallo. Schön, dass Ihr da seid." Alle geben sich ein paar Küsschen auf die Wange, andere Tanten und Onkel sitzen bereits im Wohnzimmer. Sie begrüßen die Familie auf die Art, wie es nach dem Krieg schon gelaufen ist. Onkel Frank gibt Markus eine Umarmung, die er erwidert. Zur selben Zeit gibt Onkel Konrad Markus Vater einen Schmatzer auf die Lippen. Tante Judith bietet schon einige Minuten daraufhin das Mittagessen an, alle essen friedlich ausgelassen, Frank hat sich einen Berg voll Nudelsalat reingelegt; ob er den runterkriegt?

Markus hat sich vorgenommen einige Lehren zu predigen, die er gestern noch in der Bibel für sich entdeckt hat. Einige Stellen, die er nur begrüßen kann - heute ist er dazu bereit - so verstehe er nun vollkommen, dass folgende Sätze der Wahrheit entsprechen.

„Haben wir den Geist empfangen durch das Gesetz oder durch die Predigt vom Glauben? Hat Jesus denn Wunder getan durch des Gesetzes Werk oder mit Glauben? ...Das Gesetz kann keiner halten aber durch den Glauben werden die Heiden gerecht und gesegnet, mit Abraham zusammen.

Die Verheißung an Abraham gilt noch heute, denn das Gesetz kam erst vierhundert Jahre später.

Jesus ist der Erbe, als Abrahams Nachkomme, doch das Erbe geschieht nicht aus dem Gesetz heraus, sondern mit der Verheißung an Abraham."

Das Essen ist beendet, alle setzen sich auf die Couch, Judith nennt Markus einen „Schatz" und er begrüßt das sehr. Liebreiche Worte sind immer ein Geschenk. Judith ist eine Frau, die ihr Herz auf der Zunge hat, die Intelligenz der Familie kommt dennoch durch.

Markus Vater Janus setzt sich neben seinen Sohn, Onkel Konrad sieht Markus an wie ein Freund und die Gespräche nehmen Fahrt auf.
Markus verlangsamt die Lage durch Worte der Liebe, denn diese sind stets ruhig.

So sagt er: „Wir waren eine Zeitlang unmündig und somit noch Knechte. Als aber die Zeit erfüllt war, sendete Gott Jesus unter das Gesetz, damit er alle, die unter dem Gesetz stehen loskaufe, damit wir die Kindschaft empfingen.

Gott hat Jesu Geist gesandt in unsere Herzen, wir sind getauft und wir ziehen Christus an.

Durch den Glauben sind wir alle Kinder Gottes in Christus Jesus. Habt Glauben, der durch die Liebe

tätig ist...wir sind frei und so sollen wir nie wieder das Joch der Knechtschaft auf uns legen lassen...
...denn wer weiterhin glaubt durch das Gesetz gerecht werden zu können, der hat Jesus Christus verloren.

Kap. 19

Er ist unser Lamm, auf die Schlachtbank gezerrt unter die Heiden, doch er will uns nicht beschuldigen, denn Christus selbst hat es damals kommen sehen, da kann er keinen in die Verantwortung ziehen. Sein Wort, das er unter seine Apostel gelegt hat, ist da zur Wahrheit geworden.

Heute ist er schüchtern, denn das Kreuz ist in seiner Seele verankert, doch ab und an ist er doch noch scherzhaft und mutig. So hat er viele Seiten, die Ärzte bezeichnen so etwas als gespaltene Persönlichkeit, doch ich will da nicht viel darüber sagen."

Markus nippt am heißen Kaffee, wie alle anderen in der Runde, die nur aus Verwandtschaft besteht. Tante Judith und Janus geben hier den Ton an. Sie haben sich auf Markus Art und Weise angepasst, was ihn sehr fröhlich stimmt. Onkel Konrad räuspert sich und beißt in den Kuchen. Alle anderen haben sich auch an den Esszimmertisch gesetzt.

Tante Judith reicht die Kuchenplatten herum, ein jeder lässt sich das nicht entgehen. Heute sündigen, morgen abnehmen.

Nach dem Kaffee setzen sich alle wieder auf die große Couch, einige Stühle werden herbeigeräumt. Markus Mutter zeigt den Tanten ein Bild, das Jesus vor zweitausend Jahren zeigt. Die Tanten schauen gut hin, seine Mutter sagt: „Da ist er, Jesus." Alle spüren sofort, dass Christus nicht weit ist, und so wird seine Anwesenheit bestätigt und geehrt.

Jesus sieht, dass alle Anwesenden sehr viel spüren. Doch nur wer es kennt und sich darauf einlässt, kann Geschichten in aller Anwesenden Worten spüren. Onkel Frank ist da ein Zeichen von Schwäche, denn ihm gelingt es nicht die Geschichten zu spüren. Er ist verschlossen, treibt die Unterhaltung an, doch ohne dass er weiß um seine Gefühle.

Frank sagt die Dinge nüchtern und grob. Und so beschäftigt sich Markus lieber mit dem Zuhören; was die anderen hier sagen.
Tante Judith und er haben hier einen guten Draht zueinander, als sie über ihren Enkel reden, darüber, was der junge Mann im Leben denn so vorhat.

„Er ist in die Partei eingetreten", sagt Judith.
Markus` Vater sagt: „Das macht er richtig."
Judith sagt: „Er möchte für das Auswärtige Amt studieren oder Betriebswirtschaft."
Markus sagt: „Er kann ja in die Politik gehen und später immer noch in der Wirtschaft arbeiten."

Markus muss sich nicht für diese Weisheit schämen, denn Tante Judith gibt ihm, vollkommen und beherzt, Recht.
Markus freut sich über so viel Gemeinsamkeit mit Judith.
„Ja", sagt sie zu ihm. „Da denke ich genauso."

Markus sagt: „Und wenn er gute Noten bekommt, dann wird das Studium möglicherweise drei oder vier Jahre dauern."
Judith aber sagt: „Gute Noten hat er keine…und faul ist er."
Wie ich, denkt Markus dabei und lächelt der Judith zu, um sie wissen zu lassen, dass er selbst eben auch faul ist, was gewisse Arbeiten angeht.
Judith versteht alles, was er hier an sie trägt; die Verbindung ist da.

Kap. 20

Markus sagt, in einer Ecke der Couch sitzend zu seinem Papa Janus: „Zaghaft und liebevoll zu sein ist sehr schön und es gehört in ein Christen Herz hinein. Wer mal zu schwach ist, der soll aufgebaut werden. Geben wir uns nicht zu sehr dem Leiden hin, damit wir überleben.

Man entschließt sich dazu sehr gefühlvoll zu sein, oder man geht einen besseren Weg, der uns nicht zunichtemacht. Sehr zaghaft sein um Christi Willen, und um der Sünde zu entkommen ist sehr trügerisch, und Gott verlangt das nicht. Ich sehe das bei Oma und ihr soll aufgeholfen werden, ehe es zu spät ist. Das Leben ist sehr schön, wenn man etwas tut gegen das Leid. Wir müssen nicht Jahr um Jahr leiden."

Sein Vater sagt: „Klug gesagt, doch tust du dies selbst so?"

Markus sagt: „Sicherlich tue ich das. Die Zeit des jahrelangen Leidens ist vergangen. Mir geht es gut nachdem ich gepeinigt wurde."

Sein Vater ist einverstanden. Er nickt und presst die Lippen zusammen.

Kap. 21

Markus ist in Fahrt gekommen, bemerkt seines Vaters Janus Offenheit und spricht weiter: „Wer Jesu Freunden etwas Schönes bringt, der hat das Himmelreich in sich, und ihm wird Frucht und Ernte gebracht. Und es mögen viele Menschen Freunde werden auf Erden und im Himmel. Und wer tröstet und aufbauende Worte schenkt, der soll Schätze ewigen Lebens erhalten.

Wer ist groß? Der Kleine oder der Kaiser? Die das Ewige Leben haben, sind jene, die auf Fels gebaut haben, und die heiliggesprochen werden, durch entsprechende Taten und Demut. Und diese sind es, die reichlich erhalten, weil sie den rechten Weg genommen haben, und nicht davor zurückgeschreckt haben, mutig Gottes Test zu bestehen."

Janus ist nicht zimperlich und sagt: „Wie kannst du das sagen? Woher nimmst du das?"

Markus grinst in sich hinein und sagt: „Papa. Ich bin ein Freund Jesu, und er ist jetzt hier im Zimmer, und sein Geist ist in mir; so spreche ich die Wahrheit."

Janus sagt: „Wenn er denn schon hier unten ist, wieso hilft er uns dann nicht?

Markus sagt: Jesu Kraft kommt zwar über uns, das bedeutet dennoch nicht, dass wir beten und erhalten. Vielmehr gilt es seine Reise zu gehen und dazuzulernen.

Wir bekommen schon früh eine Verbesserung im Charakter, wenn wir uns an ihn wenden und uns lehren lassen wollen. Er ist fähig zu unterscheiden, ob wir etwas von Herzen oder nur mit Gier wollen. Alles ist erreichbar, wenn wir Ziele hoch setzen und uns unterweisen und leiten lassen."

Pius

Kap. 22

Tatum ist auf dem Weg zu seinem Bruder Pius. Sein Automobil ist zwar alt, aber es ist sehr verkehrstauglich. Die Gegend ist mit vielen Büschen, Bäumen und Rasenflächen versehen, und Pius und seine Familie fristen da ein Dasein, das Lebensqualität entspricht. Das japanische Fahrzeug mittlerer Klasse mit Tatum am Steuer, befährt die Hauptstraße. Dann biegt Tatum in die Theodor-Heuss-Straße ab, und findet sich auf einer Allee wieder. „Wie herrlich es hier doch ist." Er denkt an Pius` und Anettes kleines Kind Cecile, und sagt: „Hast du gut gemacht Kleines. Hast dich in eine schöne Familie hineingeboren."

Er stellt den Motor ab, läuft über die Theodor-Heuss-Straße, klingelt an der Haustüre.

Herzlich begrüßt ihn Pius. Anette kommt sogleich herbei, und lächelt Tatum verschmitzt und freundschaftlich an. Als sich Tatum seiner Garderobe entledigt hat, stürmt er auf Cecile zu, und lächelt sie mit großen Augen an. Die Kleine hat Mut, Kraft und auch eine Freude, als sie im Bettchen strampelt. Pius setzt sie in ihre Wippe, wo sie ausgiebig ihr Leben feiern kann.

Danach widmet sich Pius seinem Bruder, und bietet ihm ein Glas Saft an; was Tatum mit den Worten: „Sehr gerne", annimmt.
Anette ist verschwunden, taucht aber kurz daraufhin wieder auf. Sie hat sich etwas Leichtes übergezogen, denn die Temperaturen sind doch ein wenig kühl. Pius küsst seine Frau, Cecile sieht sich das intensiv an, und sie lacht sich die Hose voll.

***

Tatum ist in den folgenden Minuten etwas aufgedreht und sagt zu Anette und Pius: „Es muss jetzt auch mal etwas gesagt werden über Jesus."
Der Ton ist laut und grob, Anette und Pius verstehen seine Intention und schweigen mit roten Backen.
Tatum begreift sofort was er da anrichtet, und so begibt er sich zwei Meter weiter weg, zur Terrassentüre, worin er sich in der Dunkelheit

gespiegelt sieht. Er spricht ganz leise zu Gott, dieser möge ihm doch bitte ein reines Herz schenken. Da spürt Tatum seines Bruder Pius` Gedanken. Dieser will herausfinden, wer sein Bruder heute eigentlich und wirklich ist. Dabei lässt Pius Tatum spüren, man möge sich das Ganze doch noch ein bisschen anschauen. Tatum und Gott stimmen zu und so ist Pius` Bruder doch noch eine Weile seiner Aggression unterworfen.

Es geschehen in den kommenden Minuten keine schlimmen Gespräche, doch eine Stunde später gibt Pius dem Bruder nach und lässt ihn für ein schönes Herz beten. Da hilft Gott sofort, denn Tatum ging es auch um Jesus.

„Denn wo Jesus ist, da ist gut Kirschen essen", sagt Tatum. Dann weiter: „Diejenigen die ihn hassen, werden fliehen in alle Richtungen. Die Jesus aber annehmen mit der Taufe und mit dem Glauben an ihn, die werden seine Freunde sein."

Pius sagt: „Da freue ich mich aber darüber, dass unsere Cecile vor kurzem getauft worden ist und jetzt zu unserer Gemeinschaft gehört."

Tatum sagt: „Endlich kommen wir auf den Grund des Meeres, wo der Schatz liegt...wir reden über Jesus."

Pius sagt: „Ich habe früher oft etwas über Jesu Lehre gesagt."

Tatum: „Daran kann ich mich gar nicht erinnern."
Die Lage ist heikel, denn offensichtlich hat Tatum seinen Bruder noch nie richtig zugehört. Tatum hat alles vergessen, er hat seine Gefühle niemals betrachtet, und das hat ihn kaum vorangebracht.

Kap. 23

Pius fällt etwas sehr Wichtiges ein. Denn als er seinen Bruder Tatum so betrachtet, erkennt er eine Sache, die ihn doch etwas stutzig macht. Und so fragt er: „Tatum. Was schaust du mir denn so tief in die Augen?" Ein weiterer Gedanke kommt in Pius hoch und er spricht ihn aus: „Oh, ich verstehe. Du willst den Frauen in die Augen schauen. Ganz romantisch und mutig."

Tatum sieht Pius weiterhin ins Gesicht und sagt: „Es kam mir vor zwei Tagen diese Idee. Du weißt, dass ich nicht gut ankomme bei den Frauen, die mir gefallen. Durch diese Art aber, fühle ich mich stärker und größer. Mutig und als ein richtiger Mann, auf den die Frauen stehen. Stelle dir das doch einmal vor: Ich bin beliebt und habe Chancen eine echte lange Beziehung zu führen. Diese Rechnung wird schon bald aufgehen, und ich werde endlich heiraten, Kinder großziehen und Harmonie und Zufriedenheit ernten. Und das Beste daran ist, dass Jesus mir gestern Nacht noch das OK gegeben hat."

„Dein Jesus hat dich also spüren lassen, dass du das so machen kannst?"

„Oh, Bruder. Er ist auch dein Jesus."

Pius merkt an, dass er tatsächlich Lehren gewonnen hat, durch Gefühle, die Jesus ihm überbracht hat. Anette ist entsetzt, allerdings entpuppt sich das als ein Scherz, denn auch sie empfängt im Gefühl so die eine oder andere Idee, die ihr sehr nützlich ist.

Pius sagt: „Ich hoffe nur für dich, dass das klappt, denn in der Bibel steht auch, dass es solche gibt die ledig bleiben.
Tatum sagt: „Solch ein Kerl war ich, doch ich nehme mein Schicksal in die Hand und ändere mich, hin zu einem Helden, zu einem richtig starken Mann."

Pius lächelt und stellt dabei eine Schale Nüsse auf den Esstisch. Darüber macht sich Tatum gleich her, lässt aber die halbe Schale für Anette und Pius übrig, was für ihn eine Wohltat ist.
Anette lässt sich eine solche Verfehlung nicht gefallen und sagt:
„Mein lieber Tatum. Die Nüsse sind für alle da."
Tatum sagt: „Jesus ist auch für alle da, aber nicht jeder kümmert sich darum."
Anette sagt: „Du meinst, dass nur besondere Leute an Jesus glauben, und diese bekommen die Erdnüsse."
Tatum sagt: „Genau. Kluge Frau.

***

Es sind besondere Leute, die Wunder sehen, hören oder fühlen. Ich wünschte es wären viel mehr Menschen dafür bereit. Ich weiß gar nicht ob ich es euch schon erzählt habe. Es geschah mir im letzten Jahr, als ich mein erspartes Kleingeld in der Bank von Helon abgegeben habe."

Tatum betritt die Bank und reiht sich in eine Schlange ein, die zum richtigen Schalter für ihn führt. Am Empfang daneben sitzt ein Herr, mittleren Alters, und Tatum spürt den Engel in ihm, der hier nicht weit von ihm entfernt sitzt. Er lächelt Tatum zu, dieser sieht etwas geschlagen aus, denn schon da hat er eine krankhafte Technik am Laufen.

Genau jetzt spürt Tatum etwas Großes nahen, der Engel scheint sich auf etwas vorzubereiten.
Eine warme, sanfte Stimme ist zu hören. Es ist der heilige Jesus der da zu ihm, im Beisein des Engels, spricht. *Mächtig und schön ist Gottes Anwesenheit,* denkt Tatum, als folgender Satz im Saal erschallt:
„Ich bin der Herr. Verlasse dich auf mich und habe Vertrauen."

Pius zögert, sagt dann aber doch: „Du versuchst aber auch immer etwas."
Anette startet einen Versuch. Sie setzt sich auf die Couch und bittet Tatum darum, ihr das Wasser aus dem Kühlschrank im rechten Fach in ein Glas, das am Kaffeeautomaten steht, zu gießen. Der junge

Mann schaut unbeholfen drein. Er geht einen Schritt in die eine, zwei weitere in die andere Richtung.

Anette wiederholt die Anweisung, und ihr Mann Pius scheint sich schon mit der Dummheit Tatums abgefunden zu haben. Als Anette ihren Pius anstupst, ist dieser wieder bei der Sache und sagt: „Tatum, mein Bruder. Du solltest das mit deinem tiefen Blick jetzt wirklich sein lassen. Du musst doch bemerken, dass diese Technik sehr schädlich ist. Gesunde Techniken will ich dir gar nicht absprechen, wie zum Beispiel ein lockeres Fühlen. Aber das hier und heute ist abnormal."

Tatum scheint nicht zu begreifen und sagt: „Jesus ging doch auch in die Extreme."
Pius sagt: „Er ist Mensch geblieben. Du aber bist krank."

Kap. 24

Tatum windet sich im Stuhl, seine Intelligenz hat eine Antwort:
„Das Jesus in der Wüste dem Teufel begegnet war, das nennst du gesund?"

Jetzt greift Tatum zur am Kamin liegenden Bibel. Er blättert darin ein wenig, bevor er eine Stelle gefunden hat. Er liest daraus vor:
„Im Philipper steht: `Christus, der unseren geringen Leib verwandeln wird, dass er gleich werde seinem verherrlichten Leibe nach der Kraft, mit der er sich alle Dinge untertan machen kann`. Was für mich bedeutet, dass wir ruhig verrückte Dinge tun dürfen."

Pius nimmt dem Tatum zaghaft die Bibel aus den Händen und liest:
„Freuet euch in dem Herrn alle Wege, und abermals sage ich: Freuet euch!"
Tatum sieht Pius kläglich traurig in die Augen, gibt aber so schnell nicht auf und sucht in der Bibel.
Tatum liest vor: „Und der Friede Gottes, der höher ist als alle Vernunft, wird eure Herzen und Sinne

in Christus Jesus bewahren.` Das zeigt doch, dass Gott höher ist als Vernunft."

Das lässt sich Pius so einfach nicht sagen und deutet diesen Vers so:

„Aber er bewahre dein Herz und deine Sinne."

Dieser Augenblick macht es nun Tatum leicht, sich das Starren auszureden. Pius sucht den Abschluss dieser Lehre und zitiert:

„`Ich vermag alles durch den, der mich mächtig macht`. Wenn Jesus dir also etwas gibt, sei offen und nimm was er gibt, erkenne die Lehre und tue dann. Und dann halte fest, was funktioniert und lasse weg, wenn Jesus es dir einfach macht damit aufzuhören."

Tatum sagt: „Du hast zwar recht, dass ich es mit zweifelhaften Techniken nicht sehr weit bringe. Nur Leid und Kummer kommen mir davon. Andererseits erlebe ich damals wie heute die andere Welt in der Meinen Realen Welt."

Pius will es aufbrechen und sagt: „Zur realen Welt gehören Engel und Jesus dazu. Von mir aus auch der Teufel. Wir spüren die feinstoffliche andere Welt wie du es tust, also: Es ist kein Hexenwerk. Es ist magisch."

Tatum freut sich nun über aller Maßen. Sein Gemüt ist mit Pius sehr einverstanden, und seine Hände liegen nunmehr ruhig auf seinen Oberschenkeln. *Keine Hast, keine Nervosität und die wichtigen Dinge übertreiben. Mut, Herzlichkeit, Freundlichkeit und Irrsinn. Eine Mischung davon sollte man sich schon vornehmen.*

Sein Bruder bemerkt das Gedankenkreisen. Er sagt nur ein Wort und schon ist dieses vergessen; Tatum ist wieder im Bewusstsein, und er spürt wie lieblich Pius ihn ansieht. „Hast dich sehr gut gekleidet heute, mein Bruder", sagt Pius, ohne Gegenlob zu erwarten, welches Tatum hier kurzerhand vergessen hat.

Kap. 25

Tatum legt sich kurzerhand auf die Couch; ohne darum zu bitten, sondern vielmehr aus der Not und seinem Mut heraus. Der Abend sollte noch schön werden, spürt Tatum, und so macht er sich dran, wach zu bleiben. Er setzt sich also wieder, nippt an einem Glas Wasser und stiert die wache Cecile freundlich an. Cecile fühlt sich sehr beobachtet; sie schaut weg und gibt einen widerwilligen Ton von sich. Tatum sagt: „Sprechen kann sie noch nicht, aber man kann sich manches zusammenreimen."

Anette sagt: „Wenn du tatsächlich etwas im Brabbeln meiner Tochter erkennst, dann sage es mir. Wir müssen ja kein Risiko eingehen, wenn es tatsächlich gefährlich werden könnte."

Tatum muss nicht lange nachdenken und sagt während er von der Couch aufsteht: „Es gibt Leute, die so ähnlich klingen, wenn sie denn mit der Zungenrede kommunizieren. Dabei sitzt - so habe ich das einmal beobachtet - einer dabei, der diese Laute deuten kann. Dieser übersetzt praktisch die Zungenrede in die deutsche Sprache."

Pius sagt: „Das gab es auch zu Jesu Zeiten."

Tatum: „Auch heute haben wir eine Jesus-Zeit. Schau dich nur mal um, alles geht zu Grunde, und diejenigen die Jesus mit erhobenem Haupt und viel Geist spüren können, die mögen heute gerne stolz sein und fleißig weiter tun. Ganz nach der Bibel und der heutigen Lehre Christi."

Pius lächelt Tatum an und sagt: „Was weißt du denn von der heutigen Lehre Christi? Kläre uns hier doch mal auf."

Tatum läuft durch das Zimmer, von der einen Seite zur anderen, dabei kommen im viele, viele Gedanken und Gefühle. Pius sieht sich seinen Bruder genau an und sagt: „Das ist es. Das ist die Lehre Christi von heute, dass wir nämlich denken und spüren mögen. Das ist der wichtigste Punkt für uns, das was Jesus uns heute mitgibt auf unseren Lebensweg, wenn er auch nur kurz ist." Tatum sagt: „Ich würde mir gerne wünschen, dass wir alle viel älter werden, dass wir den Tod besiegen und für hunderte von Jahren überleben könnten...wäre das nicht einfach schön?"

Anette runzelt die Stirn, kommt Tatum einen Schritt entgegen und sagt: „Du bist ein Träumer, ich sehe lieber die Wirklichkeit und was wir tatsächlich erreichen. Fünfhundert Jahre auf der Erde zu leben, ist ein Ding der Unmöglichkeit, auch wenn du jetzt sagst, dass Jesus das machen kann...gut, dann lass doch Jesus das durchsetzen: Wir sollen alle Fünfhundert Jahre alt werden, und wir mögen uns an diesem Alter erfreuen. Kannst du das an Jesus weitergeben?"

Pius betätigt den Schalter der Kaffeemaschine, weil er spürt es ist Zeit für ein bisschen Koffein. Die erste Tasse geht an seinen Bruder Tatum, der sich kindlich über diese Geste und über den Kaffee freut. Sein Bruder hat also den richtigen Riecher bewiesen, und lässt für jeden eine Tasse durchfließen.

Satan

Kap. 26

Auf einem Berg, inmitten eines Waldes, treffen der junge Shalom und der heilige Jesus aufeinander, nachdem sie sich diesen Termin gesetzt haben. Shalom grüßt Jesus mit einem „Guten Tag, Herr", und der Herr erwidert mit einem „Ich grüße dich, Shalom."
Als sie sich die Hand geben, fühlen sich beide wieder als Freunde, auch wenn Jesus hier als Meister des Jungen auftritt. Ein Lächeln besiegelt die friedliche Stimmung, und Shalom hat sich bereitgemacht, einiges zu erlernen.

Die Sonne kommt zwischen zwei Wolken hervor, doch Regen sollte es hier und heute keinen geben. Jesus atmet tief ein und aus, der Wald frischt die beiden auf.

Jesus sagt zu Beginn: „Im Sprüche-Buch steht geschrieben: `Hungert deinen Feind, so speise ihn mit Brot, dürstet ihn, so tränke ihn mit Wasser, denn du wirst feurige Kohlen auf sein Haupt häufen, und der Herr wird dir`s vergelten`.

Du bist besser als die Bösen oder der Satan, deshalb, lieber Shalom, sei hilfsbereit auch gegenüber deinen Feinden, denn so zeigst du, wie gut du denn bist. Und sollte der Feind sich daran ärgern, dass du ihm hilfst in der Not, so hast du keine Schuld, denn du hast deinem Nächsten geholfen. Und ich werde es dir vergelten. Ich werde an dich denken, sollte dein Leben einst aufgelöst sein, und du wirst einen schönen Platz im Himmel erhalten.

Weiter steht geschrieben: `Durch Geduld wird ein Fürst überredet, und eine linde Zunge zerbricht Knochen`. Wenn du also mit dem Satan debattierst, so tue dies in Geduld und Schlauheit. Rege dich über ihn nicht auf, habe warme Worte, so werden seine Knochen weich, und du siegst von Augenblick zu Augenblick.

Und dennoch sollst du wissen, mein lieber Shalom, dass `Ein Gerechter, der Angesicht eines Frevlers wankt, wie ein getrübter Brunnen und eine verderbte Quelle ist`. So schließe dich ihm nicht an. Werde nicht wie er, sondern bleibe dem Guten und mir treu. Habe stets das Gute im Hinterkopf, und lasse deine Taten gute sein. Wenn ich zum Beispiel deine Stirn berühre, um dich zu segnen..."

Jesus berührt Shaloms Stirn mit seinen Fingern, streicht ein Kreuz darüber, und spricht weiter:
„So lasse deinen Segen mit einem guten Gefühl über andere kommen. Sprich hinzu ein paar Worte, und auch diese lasse mit einem guten Gefühl aus dir kommen."

Shalom ist sehr erstaunt. Solch eine Lehre war noch nicht über ihn gekommen. Er lächelt Jesus an.
Jesus sagt: „Lerne das Schwierige, lass dich von mir lehren, forsche, und es wird dir zur Ehre gereichen. Und wenn du viel gelernt hast, so wird dich der Satan nicht überlisten können. Du wirst frei sein von ihm, und wirst nur noch mit Gott zu tun haben, denn der Satan wird dich meiden.
Doch jetzt ist er noch bei dir, und du sollst ihm mit Weisheit und Sanftmut antworten. Noch einmal: Forsche für die Antworten in den heiligen Schriften, auch in dieser hier.
So ist die erste Weisheit gegen den Satan: Wenn er dir etwas anbietet so sage ihm: Das wäre schön aber nein, und wenn er dir etwas schenken möchte so sage zu ihm: Danke, dass du mir etwas schenken möchtest, doch ich nehme nur Geschenke von Gott an. Und wenn er sagt, er sei Gott, so sage ihm du glaubst nur an Jesus. Und diesen mag er nicht, und so wird er sprechen du

seist ein Narr. Das ist meine erste Weisheit gegen den Satan.

Die zweite Weisheit Jesu gegen den Satan ist: Sage, du möchtest nur mit Gott reden und bitte Gott um ein reines Herz, so kommen dir keine bösen Gedanken durch den Satan. Wie aber funktioniert ein solches Gespräch?

Kap. 27

Fühle in dir des Satans Gedanken, und antworte, wie in einem lauten Gebet. Dann spüre wieder des Satans Worte in dir. Lerne wie dieser Satan ist, durch das Gespräch mit ihm. So rüstest du dich gegen ihn und seine bösen Gestalten. Und wenn du genug gelernt hast, so sage nur noch, du möchtest mit Gott reden, und so trete in eine Art

Konversation mit Gott ein. Du wirst spüren, ob in dir ein schönes Wesen oder ein blödes wirkt.

Und in den Sprüchen 26 Vers 2 heißt es sinngemäß, dass wenn der Satan oder seine Gestalten dich verfluchen, so tritt doch ein unverdienter Fluch niemals ein. Ich hoffe nur für dich, dass du einen solchen nicht verdienst, mein lieber Shalom."

Shalom greift nach Jesu Arm, freundschaftlich und nett, und Jesus greift nach Shaloms Hand, legt dann seine Hand auf seines Schülers linke Schulter. „Wir sind Freunde, wenn wir es werden.

Keine Freunde sind aber die Hasser, die sich mit ihrer Rede verstellen, aber im Herzen falsch sind. Denn wenn einer einen Hass in sich hat, so will er doch etwas gelten. Dann aber, nach kurzer Zeit, erkenne ihre falschen Zungen, ihren Hochmut, ihr blödsinniges Gerede."

Jesus zeigt seine roten Backen, Demut überfällt ihn. Ist er zu weit gegangen?

Nein, denn er hat ein Beispiel parat und sagt zu Shalom:

„Ich habe diese Weise bei der Familie „Kleingeist" und beim Familienvater „Markus" erlebt. Sie glauben schlau zu sein und sind es nicht, denn diese Einfalt ist einfach böse und klein. Ich nenne es klein, auch wenn andere diese Leute als groß ansehen. Ich aber erkenne ihre Art und Weise aufs Vollkommenste.

Dazu passt, mein lieber Shalom, was in Sprüche 27 Vers 6 steht. `Die Schläge des Freundes meinen es gut; aber die Küsse des Hassers sind trügerisch`.

Du weißt schon bestimmt, was mir mit Judas zugestoßen war. Komm setzen wir uns hier auf den Boden." Shalom und Jesus setzen sich nebst einem Weg ins Gras. Jesus krempelt sein langärmliches Shirt hinauf und setzt zur Rede an. Shalom ist regelrecht begierig nun mehr zu erfahren. Die Geschichte eines Zeitzeugen erklärt zu bekommen, das ist eine große Ehre für ihn.

„Judas hatte mich geküsst, als Zeichen für die Römer, dass sie mich gefangen nehmen sollen. Es war ein solcher Schlag eines Freundes, doch Judas handelte mit dem Vorsatz, die Römer aus Israel vertreiben zu wollen. Er hoffte dabei, mich umstimmen zu können. Ich sollte nach seiner Auffassung die Römer stürzen, als ich das aber nicht vorhatte, sondern den Frieden und das ewige Leben im Himmel verkündete, da überantwortete Judas mich mit dem Ziel, ich würde mich umstimmen lassen in all der Qual. Als

Judas erkannte, dass ich keinen Aufstand machte, da fühlte er sich schäbig, hatte er doch einen Unschuldigen preisgegeben.

Er bereute, ging zu Kaiphas dem Hohenpriester, zahlte ihm das Geld zurück und wollte all das stoppen. Das erforderte Mut, den er hatte.

Der Kuss des Judas begegnet mir auch heute wieder, in der Geschichte von Taurus, der in eine Kirchengemeinde geht; fromm ist er, doch unter ihm da ist der Satan und dieser küsst den Taurus immerzu."

Und Jesus zitiert aus Sprüche 29 Vers 27:
„`Ein ungerechter Mensch ist dem Gerechten ein Gräuel; und wer recht handelt, ist dem Frevler ein Gräuel`. So ist es mit Taurus und dem Satan. Beide sind sich gegenseitig ein Gräuel, doch es gibt auch Zeiten, da kann man ruhig freundlich sein, was der Satan auch sagt. Auch mit Nettigkeit ist dem Teufel beizukommen. Es ist ein Tropfen auf einen heißen Stein. Der heiße Stein ist der Satan, und deine Freude vor ihm ist ein immer wieder drauffallender Tropfen. Der Satan erzeugt dadurch Dampf und quält sich darin selbst. Und so du, mein lieber Shalom, hierbei gute Gedanken hegst, so bist du gerecht, und der Ungerechte ist

der Satan. Du brauchst den Teufel auch nicht zu mögen. Ich verstehe das gut. Aber lieben sollst du ihn trotzdem, denn er ist dein Nächster und er ist der Feind, für den du betest."

Shalom sagt: „Du betest für den Satan?"
Jesus sagt: „Viel zu selten, aber du bringst mich wieder dazu. Ich danke dir."

Weiter sagt Jesus: „Und er hasst dich für deine Liebe, und er erträgt deinen guten Charakter nicht. Und ich sage dir auch, nach den Sprüchen 28 Vers 23-24:
'Wer einen Menschen zurechtweist, wird zuletzt einen Dank haben, mehr als der immer freundlich tut`. So bist du beides: der Freundliche und der Mahnende. Und du wirst so den Sieg heimholen.

Allerdings", sagt Jesus zu Shalom. „Weiter heißt es: 'Wer seinem Vater oder seiner Mutter etwas nimmt und spricht es sei nicht Sünde, der ist des Verderbers Geselle`.
Das bedeutet, mein lieber Shalom, dass du mit deinen Eltern freundlich umgehen sollst, sonst wirst du selbst von ihnen zurechtgewiesen, da du wild wie der Satan bist.
Denn schon, wenn du ihnen (deinen Eltern) die Ehre nimmst mit deinen Worten, so sündigst du."

Shalom fühlt sich ertappt, was Jesus sogleich bemerkt und anmerkt: „So tue dies nicht mehr, denn ein solcher Streit ist, als sei man in der Hölle. Erst einmal darin, gibt es nur schwerlich einen schnellen Ausweg."

Kap. 28

Gegen den Satan bringt nun Jesus weitere Gedanken aus Sprüche 29 ein.
„`Wer gegen alle Warnung halsstarrig ist, der wird plötzlich verderben ohne alle Hilfe. Wenn der Gerechten viel sind, freut sich das Volk, wenn aber der Frevler herrscht, seufzt das Volk`. So ist es im Himmel und auf Erden", sagt Jesus.
„Mein lieber Shalom. Höre auf die Warnungen. Sei nicht stur an einer Sache, wenn Böses anheim kommt. Verändere die Dinge um wieder im Licht zu stehen. Suche, forsche und finde Wege.

Es heißt auch: `Wenn ein Böser sündigt, verstrickt er sich selbst, aber ein Gerechter freut sich und hat Wonne`. Lügen werden aufgedeckt, und der Lügner und der Hochmütige reden sich heraus, wie die Familie Kleingeist.
Eine kleine Notlüge sei gestattet, wer aber beharrlich bei einer Lüge bleibt, verdirbt."

Shalom freut sich darüber, Jesus verstanden zu haben, und legt seine Hand auf des Meisters Schulter. Jesus legt nun seinerseits die Hand auf das Bein von Shalom.

Monet
Kap. 29

Jesus macht sich auf den Weg zu einem Freund namens Monet, einen Franzosen, der hier im deutschen Lande wohnt. Herr Monet sieht es gerne, wenn Jesus am Wochenende zu ihm gelangt, besonders jetzt, da seine Frau nicht mehr am Leben ist. Auch damals hatte Jesus Herrn Monet und seine Frau besucht, hatte Frau Monet gute, warme Worte zugeflüstert.

Herr Monet ist kein Kind von Traurigkeit, denkt Jesus, denn der Franzose besticht mit Hochmut und Arroganz, wo er doch längst eine Demut an den Tag legen sollte, wo doch so viel Unheil über ihn kam.

Der Messias weiß um der Geldmenge die Herr Monet besitzt und ist im nächsten Augenblick auch wieder erstaunt, dann nämlich, als Herr Monet zweihundert Euros aus seiner Geldbörse nimmt und sie Jesus übergibt mit den Worten: „Eine Spende, mein Herr."

Jesus ist sehr erfreut über die Gabe des Franzosen, spürt dennoch was zu tun ist und übergibt Herrn

Monet seinerseits eine Quittung. Herr Monet ist nun ebenso sehr fröhlich und Jesus spürt dessen Gedanken, denn die Spende kann der Freund von der Steuer absetzen.

Da die beiden immer aus der Bibel lesen, greift Jesus Herrn Monets Bibel, die schon auf dem Tisch liegt. „In 4. Mose 11 steht geschrieben: `Das Volk murrt, da es früher Reichtümer hatte und jetzt kein Fleisch bekommt. Sie denken an Fische, Kürbisse, Melonen, Lauch, Zwiebeln, Knoblauch nun aber sehen sie nur noch das Manna.` So ist es mit dir, Herr Monet. Du warst schon viel reicher, hast Vieles verloren und bist dabei, wieder das große Geld zu schaufeln. Der Herr gibt es dir, mehr als du hattest, wie er dem israelischen Volk sodann Wachteln gab.

Gehe beherzt und liebevoll, diszipliniert und mit Pausen an die Sache und ernte erneut großen Reichtum. Sei es an Geld wie auch an geistigem Reichtum.

Damals hatte der Herr viele Israelis geschlagen dafür, weil sie murrten und um Reichtum baten. Ich aber, lieber Herr Monet, verklage dich nicht und der Herr wird es uns belohnen. Der Herr und ich sind uns deswegen nicht uneinig. Vielmehr spielen wir miteinander, verstehen uns und finden die gemeinsamen Antworten. Keiner verliert, beide gewinnen."

Kap. 30

Jesus sieht Herrn Monet tief in seine Augen und spricht zu dem Manager: „Ich vertraue dir viel an, so wie Mose viel anvertraut war. Und zwar den Reichtum im Geiste. Mirijam und Aaron wollten das auch haben, doch Gott und ich sahen in ihnen keine Propheten. Mit Mose aber sprach Gott von Mund zu Mund und Mose sah seine Gestalt. Über jene aber (Mirijam und Aaron) war Gott zornig. Meiner Meinung nach weil sie viel wollten ohne bereit dafür zu sein.

Dann schickte der talentierte Mose die Stammesführer seines Volkes hinaus nach Kanaan, um zu schauen ob man denn das Land erobern könne. Sie kamen zurück und erzählten wie reich die Ländereien dort waren. Milch und Honig flossen da und Kaleb wollte mutig diese Ländereien einnehmen.

Doch die Ältesten meinten, das gegnerische Volk sei zu stark, und so wollten sie nicht dahinziehen.

Lieber Herr Monet. Ich bin der Meinung, dass Reichtümer die durch Gewalt angeeignet werden nicht ehrenwert sind. Denn so kommt Rache auf, die Liebe fehlt hier ganz und gar.

Doch Gott hat es da so gemacht:

Jene, die das von Gott verheißene Land auskundschaften und nicht einnehmen wollen, lässt er umkommen. Nur Josua und Kaleb, die bereit sind die Ländereien einzunehmen, lässt er am Leben.

Als die anderen das sehen, wollen sie nun doch das Land einnehmen, doch Gott ist nicht mehr bei ihnen.

Denn Gott hatte nur vor, ihren Willen zum Kampf zu testen. Hätten sie ihm geglaubt, wären alle selig geworden. Gott hat sie geprüft und er hätte die Sache zurückgezogen, wären sie vorangetreten. Nur ein `ja` oder ein Schritt in Richtung der Fremden hätte da ausgereicht. So macht es Gott noch heute, auch mit mir.

Kap. 31

Mein Freund, Herr Monet. Es spricht nichts dagegen groß sein zu wollen. Jesus zu hassen aber ist eine große Sünde. Sehe mich nicht als arrogant und herzlos an. Denn so bin ich nicht. Erhalte, was du wünscht."

Herr Monet atmet erleichtert aus und sagt aus vollem Herzen heraus: „Gott sei Dank. Ich bin an den Richtigen geraten."

„Mit Jesus bist du sicher. Du sollst auch wissen, dass jene, die mich aus ihrem Leben werfen, ohne mein Zutun, kein gutes Dasein haben. Die Meisten sehen alt und verdorben aus. Ihr Leben ist nicht mehr so schön wie es mit mir noch war.

Sie mögen eine Menge Geld und andere große Reichtümer besitzen, wenn ich noch auf ihrer Seite stehe. So ich aber ihre Freundschaft, ohne mein Zutun, nicht erhalte, so verderben sie.

Die aber guten Mutes sind, meine Brüder und Schwestern, meine Eltern und Freunde, die errettet Gott wegen mir.

So lasse uns immer wieder beten, lieber Herr Monet. Für Gesundheit, Erfolg und Reichtum. Für gute Beziehungen und Liebe. Du bist an Jesu Seite und so sollst du viel besitzen. Ich gönne es dir.

Ich zeige mich Vielen und rede davon wer ich bin und was meine Meinung in der Welt ist. Bei einigen aber erreiche ich nur, dass sie mich abstoßen wie ein Frommer den Teufel. Ich bin aber nicht der Teufel. Ich sage dir aber: Ich bin größer als jene und deshalb mögen sie mich nicht. Sie bedenken dabei nicht, dass der Meister immer größer ist als die Schüler.

Doch zwei aus meinem Kreis sind emporgestiegen; besondere Menschen. Es sind Sarah und Jobu. Diesen gibt Gott den Geist der Wahrheit damit sie mich als den Herrn erkennen und hinzu gibt er ihnen die geistige Kraft und Größe, lügnerische und schlechte Worte und Handlungen zu erkennen. Ihren Fleiß und ihre Wünsche Dinge zu besitzen, sind sie geistig oder materiell, belohnen wir ihnen. Ich liebe sie und Gott liebt sie und sie sehen wer ich bin und was ich denke und spüre. Sie werden immer gut und jung aussehen, weil sie bei mir sind. Andere altern, die ohne mich sind. Die Monika hatte in den Jahren mit mir eine tolle Ausstrahlung, die, einer wundervollen jungen Frau. Dann trennten wir uns. Vor nicht allzu langer Zeit traf ich sie, im Arm eines Rockers. Sie hatte seine ungute Ausstrahlung angenommen, was mir sehr leidtut."

Koran

Kap. 32

Ein Muslim sitz mit einer Gruppe von Leuten und liest aus dem Koran vor. Er beschreibt die zweite Sure, worin steht, dass man seinen Verdienst, seinem Verhalten nach erhält. Mitten unter ihnen ist Jesus Christus, der sich nun zu Wort meldet:

„Weiter steht darin, dass Gott wen er will auf dem rechten Weg leitet. Gott nimmt einen jeden wie er ist und das ist doch eine teure Gerechtigkeit in meinen Augen. Er kann somit nicht jeden gleich behandeln.

Der Verdienst, ob gut oder nicht, kommt zwar kurzfristig aus Wort und Handlung, doch Gott führt uns mit den Jahren auf dem rechten Weg. Er gibt diesen Vielen wann er will.

Hört weiter, meine Brüder und Schwestern: Wahrlich, Gott führt euch immer wieder in Versuchung mit Furcht, Hunger, auch mit Schaden, den Ihr an Vermögen, Leben und Feldfrüchten erleidet. Aber Heil ist den fromm Geduldigen, denen die im Unglück sprechen: Wir gehören Gott an und wir kehren einst zu ihm zurück.

Bitte beschuldigt unseren Gott nicht, wenn er euch prüft auf Herz und Moral. Dieses Spiel ist einfach und im Ausgang wunderschön. Denn wenn Gott euch aufträgt etwas Bestimmtes zu tun was euch zunächst missfallen könnte, so wird er euch nicht lange damit versuchen. Er wird in der kurzen Auflösung nach eurem Herzen und Wünschen tun.

So bekommt Ihr nach eurem lodernden, warmen Herzen.

Kleine Prüfungen vergrößern die Motivation und Gebete machen den Kleinen groß. So will ich doch, dass ein jeder der klein ist durch Gottes Hand zur vollen Größe reife, gestärkt aus Unglücken hervortritt und damit eine gestandene Person wird.

Weiter steht geschrieben: `Die aber, so da leugnen (die Heiligen Schriften) und als Leugner sterben, sie trifft Gottes Fluch...`

Ich sage euch: Diese Leute mögen herzlich zu mir kommen. Ich bereite sie, auf dass sie ihre Herzen für die Religionen öffnen und ich tilge ihre Schuld durch meine Liebe. Denn wer die Religionen nicht annimmt, ob er stark oder schwach ist, und doch ein schönes Herz in sich trägt, der soll mein Freund genannt werden, auch wenn er zunächst nicht an Religion glaubt. Ich versöhne mich mit ihm, so wie ich hier und heute stehe und wir werden uns gut verstehen.

Es steht geschrieben, dass Feindseligkeit aufhöre, wenn einer sich bessert. So will ich diese barmherzige Sure auch für mich aufnehmen, um Harmonie zu suchen, wenn denn einer oder beide sich bessern."

Kap. 33

In der Gruppe um Jesus sitzen Muslime und Christen gleichermaßen. Einige Muslime kennen ihre Heilige Schrift schon, ein paar andere haben so Einiges wieder vergessen. Die Christen aber, die hier zum ersten Mal hören vom Koran, laben sich an Jesu Worten, die ihnen wie Honig runterlaufen.

Ein Blondschopf mit dem Namen Christopher meldet sich mit seiner Hand zu Wort. „Jesus. Man hat mir schauderhaftes über die Suren berichtet, doch du zeigst mir hier schöne Worte."

Jesus lächelt in die Gruppe hinein und spricht weiter. „Hört noch Weiteres. Laut Koran möge man Gutes in dieser Welt und gleichzeitig für den Himmel danach erbeten und darum, dem Höllenfeuer zu entgehen. Sodann erhält jeder wohl den Teil, den er verdient. Ich aber sage euch, wer zu Gott betet in meinem Namen, der erhält nach Gottes Barmherzigkeit.

Doch beharret im Gebet und beharret auf mich und Gott, so werdet Ihr doch Gutes und Schönes erhalten, trotz der Fehler die Ihr begangen habt.

Doch fallt nicht in die Hände des Teufels. Durch seine großen, frechen Reden über die Welt, setzt er so manche in Erstaunen und nimmt sich Gott fälschlich zum Zeugen. Hinzu kommt, dass er großes Verderben auf der Erde anrichtet. Da Gott aber das Verderben nicht liebt, so kommt dieses wohl nur vom Teufel.

Wenn ich denn sage, dass Gott uns versucht, so ist dies noch kein Verderben. Versuchung und Prüfung kommen von Gott, Tod und Gräueltaten aber sind vom Bösen. Wer aber für Reinheit betet, dem bleibt der Böse fern.

Kap. 34

Gottes Zeichen seht und hört, fühlt sie und spottet nicht darüber, denn die Wunder und Zeichen sind nach meiner Meinung heilig. Wenn die Menschen eine Handbewegung oder Worte tun, so seht, hört und fühlt dies. Gott Heiliger Geist, der überall ist, gibt gelegentlich Zeichen mit Handlungen und Worten durch Menschen an euch weiter.

So glaubt, dass es wahr ist so wie es wahr ist, dass dies hier meine Worte sind. Glaubt sofort was Ihr seht und hört; denkt und grübelt im Nachhinein nicht darüber, sondern nehmt es als Zeichen Gottes, der überall ist.

Kap. 35

Und im Koran steht: `Worte der Freundlichkeit und Milde sind besser als die unfreundliche Gabe...oh Ihr Gläubigen, vermindert doch nicht den Wert Eurer Gaben durch Vorwürfe und Unfreundlichkeit, wie die, welche nur Almosen geben damit es die Leute sehen...`

Es steht auch sinngemäß geschrieben, dass sie hart sind wie Kieselsteine, auch wenn Regen darauf fällt.

Welche aber Gott und der Armen wegen spenden, sind wie Gärten worauf Regen fällt und doppelte Früchte trägt.

Wir sollen aber nicht das Schlechteste an Almosen geben, solches was wir selbst nicht annehmen würden.

Und wir sollen selbst nicht in Armut fallen, denn unser Gott ist reich. Es ist aber der Satan der uns zur Armut verhilft.

Ich sage euch, dass ich in Armut gelebt hatte. Heute aber ist mir durch Gottes Vergebung die Tür zu Reichtum geöffnet. Weshalb sollte ich Gutes ablehnen, wenn mein Herz danach strebt und viel Liebe darin steckt.

Es ist gut darüber zu reden, dass Ihr Almosen gebt, aber es ist besser zu spenden und es zu verheimlichen. Aber Gott sieht was Eure Hände geben und er befreit euch vom Bösen. Die anderen aber deswegen zu verurteilen liegt nicht in Euren Händen.

Neben dem Almosen geben gibt es hier noch drei Dinge, die wir verrichten sollen:

1. Glauben an Gott und seine Zeichen
2. Gebete tun
3. Gute Handlungen und Worte, anderen helfen

Dies tut nach dem Koran und nach meinem Vorschlag, denn es ist etwas Großes.

Buddhismus
Kap. 36

Jesus sitzt mit ein paar Buddhisten zusammen in Hamburg. Sie alle haben sich den Auftritt des Dalai Lama angeschaut und sind tief beeindruckt. Nach der Rede des tibetischen Oberhauptes sitzen noch ein Dutzend Buddhisten mit Jesus im Saal und man erkundet die Lehre des buddhistischen Lehrers.

Jesus sagt in der Runde: „Der Dalai Lama sagt, dass es auf die Absicht ankommt. Solange man also Gutes will aber etwas Schlechtes dabei herauskommt, so wird dies keine ungünstigen Auswirkungen haben.

Andererseits wird gesagt, wenn wir nichts tun, obwohl jemand um Hilfe bittet, so wirkt sich das sehr schlecht auf unser Karma aus. Das Karma aber hängt von unseren guten oder bösen Motiven ab. Die Motive lassen uns Handlungen durchführen – gute oder schlechte – und das ergibt unsere Erfahrung. Wer also freudig gestimmt ist, der bleibt der Gewalt fern und seine Erfahrung ist sehr gut. So wird sein Karma stets gut sein. Die aber vollen Hasses sind, häufen sich schlechte Begegnungen und Gespräche an.

So haben also Ursache und Wirkung im Buddhismus eine Rolle inne. Ich muss hier aber anführen wie barmherzig unser Gott ist und so ist es oftmals möglich durch das Gebet oder einen Hilferuf Gott zu sich zu ziehen, damit dieser uns lehrt oder behilflich ist, wo wir es nicht verdienen. Denn unser Gott ist gütig und gibt im Überfluss und wir müssen nicht einmal ein reines Leben vorweisen.

Wer aber gute Dinge von unserem Gott erhält, der möge seinerseits Gutes für andere tun. Ein Lächeln kann da schon sehr viel bewirken.

Der Dalai Lama spricht vom `weisen Egoismus` der besagt, wem es gut erginge, der möge ein Vorbild sein und ziehe Harmonie und Liebe in die Welt.

Ich sage euch: Wer leuchtet, der kann Feuer in anderen entfachen.

Denn wie kann ein Sklave, durch Hunger und Schläge gepeinigt, die Welt verändern? Ich konnte es vor und nach der Kreuzigung, war erlöst und befreit, groß und mächtig. Das Leid spielt zwar eine Rolle im Leben, ein Licht zu sein aber viel mehr.

Auch der Dalai Lama spricht von Leid wenn er an mich oder an Buddha denkt. So gibt es nicht nur den Lächelnden Buddha, sondern auch den Traurigen. Ein paar Wochen des Leides bringen, im Glauben und Gebet, Jahre voller Freude und Glück.

Als den `Mittleren Weg` bezeichnet der Dalai Lama eine Harmonie zwischen Materiellem und Geistigem. Er meint, dass trotz Reichtümer, viele Menschen des Westens unzufrieden sind. Und doch sagt er, dass er sehr darüber erstaunt ist, wie lernbegierig die westlichen Menschen doch sind."

Kap. 37

Jesus erhebt sich und läuft ein paar Schritte im Saal umher. Dabei kommt ihm ein Anliegen in den Sinn.

„Meine Lieben. Der Dalai Lama und ich sind ganz unterschiedlicher Meinung was den Tod anbetrifft. Seinem Ratschlag zufolge möge man sich gut auf den Tod vorbereiten und einem solchen entspannt begegnen. Ich aber bin heute mit dem Tod absolut nicht einverstanden. Vielmehr bin ich für ein ewiges Leben, auch auf Erden."

Jesus sieht in die Gesichter der Buddhisten im Saal und er ahnt bereits wie seine folgende These ankommen wird.

So spricht er: „Der Dalai Lama vertritt die Meinung, sollten die Taten und die Lebensenergie erschöpft sein, so könne man beruhigt sterben. Ich aber sage euch: Die guten Taten mögen kein Ende nehmen und man soll sich die Lebensenergie anreißen. Dazu tut gute Werke und redet miteinander. Lasst euch nicht fallen in den bitteren oder den süßen Tod, sondern setzt euch Ziele die kein Ende finden.

Ihr Buddhisten sagt, als Erleuchteter möge man das Leid der Menschen auf sich nehmen. Das tat ich als Heiler. Zudem möge man sein Karma auf andere übertragen. Nach meiner eigenen Leidenszeit habe ich nun ein gutes Karma, mit dem ich alle anstecken möchte.

Glück ruht auf meinen Schultern, so geht mit mir und werdet ein Licht in der Welt.

Ich bin froh über die Gesunden, doch traurig über die Kranken. Diesen möchte ich Freude, Mitgefühl und Liebe von mir geben. Das Menschliche setzt mir Grenzen, Gott hat mir einige Talente mitgegeben, andere wiederum hat er mir genommen.

Ich bin wiedergeboren und habe mich gefunden und die anderen haben mich gefunden. Jesus ist wiederentdeckt worden wie der Dalai Lama auch. Zweifel an meiner Meisterschaft lasse ich durch Glauben verschwinden.

Dazu gibt es im Buddhismus die niedere und die hohe Wahrheit. Die niedere ist eine Momentaufnahme, die sich morgen schon als falsch herausstellen kann. Die hohe Wahrheit aber bleibt, wie es die heiligen Schriften tun.

Es gibt Weisheiten die gehen und solche die kommen und Jahrhunderte Bestand haben.

So gibt es im Buddhismus kurzfristige Wahrheiten denen ich rigoros widerspreche. Die Hingabe an den Tod ist eine solche. Auch das Bild von Gott und der Dreieinigkeit will ich unbedingt behalten. Ich nenne diese Wahrheiten kurzfristig - vielleicht kann ich euch von meiner Wahrheit überzeugen und euch auf meinen Weg leiten.

Euer Buddhismus beharrt auf der Gerechtigkeit, sodass ein jeder, durch böse Taten und Worte, Schlimmes erfährt und in die Hölle fährt. Ich hingegen stehe für die Gnade Gottes für alle Menschen.

So lade ich euch ein, an mich zu treten, eure Herzen und den Verstand zu reinigen und glücklich zu sein. Bereut eure Schändlichkeiten und geht den Weg mit mir. Ich werde euch erquicken, und Freude und Liebe soll unter uns sein.

So wer da kommt, vergessen und verlassen oder auch beschmutzt, der trete ein in die Christliche Religion und in Gottes Barmherzigkeit. Das wird euch strahlen lassen.

Die Kleinen mögen groß werden. Das ist mein Wunsch, es war auch mein persönliches Ziel, das ich erlangt habe. Und auch wenn Ihr ab und zu als niedrig geltet, so wird euch Gott Zeichen geben und Ihr findet zurück zur Herrlichen Größe.

Der Dalai Lama meint, dass die Westlichen Länder vom Buddhismus lernen können was Liebe und Mitgefühl anbelangt. Im selben Atemzug sagt er aber, er möchte nicht missionieren. Die Verantwortung, die er für seine Leute hat, ist ihm hier sehr wichtig. Ich aber umfasse die Welt und alle Typen von Menschen, damit keiner verloren gehe.

Abschluss Jesu

Was ist hier wichtig und wofür entscheidet man sich, denke ich in diesen Tagen. Ist man zum großen, starken Menschen geworden oder bleibt man klein? Was ist Ihre Entscheidung, lieber Leser? Beherzigen Sie diese Lektüre und fordern sich selbst heraus oder spüren Sie *einfach*, wie ein kleiner Mensch den jeder auch sofort als klein erkennt? Es ist beides durchaus möglich. Wenn Sie *einfach* Ihre Schritte über dem Boden spüren und dazu nur einfach so reden ohne Gefühle auszusenden oder zu empfangen, dann sind Sie ein solcher kleiner Mensch. Wenn Sie einfach nur sanft Dinge mit Ihrer Hand berühren, dann ist das die Technik eines kleinen Menschen. Sollten Sie aber zu Höherem greifen wollen, dann lesen Sie hier einmal die Technik dazu, die ich nunmehr doch preisgebe zum Wohle aller:

Wenn man groß sein will, braucht man eine Technik die einen groß sein lässt. Ich benutze dabei folgende: Ich spüre meinen gesamten Körper als wäre ich ein großer Mann. Dazu müssen Sie nicht einmal jemanden kopieren. Seien Sie Sie selbst aber werden Sie groß damit. Fühlen Sie sich groß damit.

Um dies an die Spitze zu treiben sollten Sie die Wahrheiten eines jeden Menschen, der in Ihrem Leben stattfindet, hören und spüren. Fühlen Sie ob er oder sie die Wahrheit sagt, indem Sie deren Worte glatt und warm spüren.

Sollte das im Gespräch hin und wieder nicht möglich sein, dann hören Sie *zwischen* den Zeilen, was er oder sie meint, wenn er oder sie einige Worte spricht.

Was sagt er oder sie über mich oder über sich aus? Ist es gar eine Botschaft Gottes? Stellen Sie fest wer gemeint ist zwischen den Worten und was derjenige oder Sie selbst beim Reden empfinden. Hören Sie heraus was Ihr gegenüber empfindet, wenn er dies oder jenes spricht.

Beweisen Sie Mut und stellen Sie sich ins rechte Licht.

Beweisen Sie Herz und spüren Sie mit den beiden Techniken: Die Wahrheit spüren und die Gefühle hören.

Das ist es was ich Ihnen hiermit mitgeben möchte. Ein tolles Leben mit Herz und Mut. Eine Größe zu erreichen, die lebenswert ist.

Vor kurzem habe ich ein weiteres Phänomen wiederentdeckt. Es besagt, dass wenn ich jemanden nicht leiden kann, dieser Jenige das bestimmt bemerken wird und selbst schlecht mit mir umgehen wird.

Auch wenn derjenige lästert hinter dem Rücken, so kann dein Lächeln ihn milde stimmen und je öfter er dein Lächeln und deine Liebe zu ihm spürt, umso größer ist die Wahrscheinlichkeit, dass er oder sie sich ändern lässt.

Es ist vielleicht naiv, aber es ist der bessere Weg, um Menschen zum Guten zu bewegen. Ein liebevoller Umgang mit jemandem, der selbst liebevoll *sein will*, ist ein Muss.

Wenn er oder sie denn uns ein Lächeln anbietet, dann nehmen wir es gerne an und lächeln zurück, auch wenn derjenige manchmal mies ist.

Es ist sicherlich klar wie Hühnerbrühe, dass man zwischendurch mal das eine oder andere miese Wort hervorbringt oder man verschwindet aus einer solchen Situation. Doch einfach darüber erhaben zu sein und eine heikle Situation zu Belächeln ist möglicherweise das Beste was man in schwierigen Lagen tun kann.

Man ist still und lächelt.

Man treibt keinen Ärger voran.

Man liebt sich selbst und alle anderen.

Quellen:

Die Bibel, Deutsche Bibelgesellschaft, 2017

Der Koran, Bibliothek der Weltreligionen, VoltMedia, Paderborn

Mitgefühl und Weisheit, Dalai Lama, Diogenes Verlag, 2006